Strafrecht Besonderer Teil - Definitionen

定
義 刑法各論

財産犯ルールブック

飯島 暢・葛原力三・佐伯和也
Mitsuru Iijima Rikizo Kuzuhara Kazuya Saheki

法律文化社

はしがき

　本書はその着想を、ドイツの Definitionskalendar 等と呼ばれる形態の書物に負っている。「定義表」とでも訳すべきであろうか。主として司法試験受験生を読者として想定して、各法分野の重要概念の判例、学説による定義を各概念のアルファベット順に列挙するだけで、編・著者独自の評価や理論的分析、解説を省いた、しかし、それ故、必要に応じて辞書を引くような趣で軽快に用いることができる学習書である。本書の構想のベースをなすもう一つの書物が中山研一著『アブストラクト注釈刑法（第三版）』（成文堂）である。こちらは、刑法の条文毎にその解釈の現状を（意見の対立も含めて）判例および学説の極めて簡潔な要約を列挙することによって示したものである。こちらでも著者独自の見解を示すことは控えられている。いずれの書物もつまりは、通用している解釈を事実として記述することに自己限定し、読者の思考に素材を提供するのみで、これに影響を与えようとしないドライな態度を貫いている。本書はこれに倣うべく編まれた。

　ただ、辞典的に50音順に配列した場合、これを使いこなすには、概念自体は既に知っていることが前提となる。法典の条文配列に従うときは、これを「辞書を引く」ような形で使うには、おおむね何条あたりに目指す概念が使われているか、同一概念がどの条項にまたがって使われているか等を知っている必要があり、いずれもある程度学習が進んだ読者を対象とすることになる。筆者がこれらの書物を使って最も便宜を感じたのは主として大学院生時代であるが、それはまさしくそうした時期の学習者の需要に沿う形式であるからこそであると言えよう。本書は、これらの書物の、自己主張をせず、理論的分析を示さないという態度に倣って簡便な使い勝手を確保しながら、50音順でも条文順でもなく、犯罪類型毎のいわば体系的配列を採用した上で、これらの書物に比して多くの具体例（判例の要約）を記述し、各々の犯罪類型全体を見渡す部分と最小限の解説を追加することによって、初学者が最初の知識を獲得することも可能にすることを目指したものである。

　もちろん、本書がそうしたある意味「欲張りな」狙い通りの効果を発揮することができるか否かは、偏に読者による受容の程度と態様にかかっている。また、要約の濃淡も項目毎に、また担当執筆者毎に一定とは言えないことも自覚している。それぞれの執筆者による必要性の判断に従った結果であるが、違和感を来すに終わっていないかを虞れるところである。江湖の批判を得て修正する機会を持つことができればと考えている。

　本書が成るにあたっては法律文化社の梶原有美子さんに一方ならぬ形でお世話になった。記して謝する。

2021年2月22日「猫の日」に

執筆者を代表して

葛原　力三

目　次

はしがき

第0章　本書の目的と使い方：初学者のために ……………………… 1

　　1目的：法規と判例のリファレンス・ツール　　**2**対象を財産犯に
　　限っていることについて　　**3**本書の使い方　　**4**本書の構成と機
　　能　　**5**判例の出典表記について

第1章　財産犯の諸類型と個別問題の概観 ……………………… 7

　Ⅰ　現行法における財産犯のシステム……7

　Ⅱ　問題概観……7

　　1各類型の個別要件の限界　　**2**複数の類型に共通する諸要件の限
　　界　　**3**複数の犯罪類型に共通する諸問題

第2章　窃 盗 罪 ……………………………………………………… 10

　Ⅰ　窃 盗 罪……10

　　〈概　要〉

　　〈定義と具体的適用例〉

　　1他人の　　**2**財　物　　**3**窃　取　　**4**不法領得の意思

　　〈重要判例〉

　　1死者の占有：最高裁判所昭和41年4月8日判決／東京高等裁判所
　　平成25年6月6日判決
　　2意思に反する占有移転：東京高等裁判所平成18年10月10日判決

　　〈判断基準と考え方〉

　　1概　観　　**2**占　有　　**3**占有の主体　　**4**有体性と財産性
　　5窃　取

　Ⅱ　不動産侵奪罪……23

　　〈概　要〉

〈定義と具体的適用例〉

1 他人の　**2** 不動産　**3** 侵　奪　**4** 侵奪の開始時期（実行の着手時期）　**5** 既遂時期

〈判断基準と考え方〉

1 概　要　**2** 客体「他人の不動産」　**3** 行為「侵奪」　**4** 主観的要件　**5** 罪数、他罪との関係

第3章　強　盗　罪 …………………………………………………………… 29

I　強盗罪……29

〈概　要〉

〈定義と具体的適用例〉

1 他人の財物　**2** 財産上の利益　**3** 暴行・脅迫　**4** 強　取
5 不法領得の意思

〈重要判例〉

東京高等裁判所平成21年11月6日判決

〈判断基準と考え方〉

1 総　説　**2** 1項強盗罪　**3** ひったくり　**4** 暴行・脅迫と財物奪取意思　**5** 2項強盗罪

II　事後強盗罪……38

〈概　要〉

〈定義と具体的適用例〉

1 窃　盗　**2** 3つの目的　**3** 暴行・脅迫
4 窃盗の機会（の継続中）

〈重要判例〉

最高裁判所平成16年12月10日決定

〈判断基準と考え方〉

1 総　説　**2** 主　体　**3** 暴行・脅迫と窃盗の機会
4 未遂処罰　**5** 暴行・脅迫だけに関与した者　**6** 予備の処罰

III　昏酔強盗罪……44

〈概　要〉

〈定義と具体的適用例〉

■1財　物　　■2昏　酔　　■3盗　取

〈判断基準と考え方〉

■1総　説　　■2昏　酔

第4章　強盗致死傷罪等 ……………………………………………………… 47

Ⅰ　強盗致死傷罪……47

〈概　要〉

〈定義と具体的適用例〉

■1強　盗　　■2人を負傷させ、又は死亡させた　　■3致死傷結果の
原因行為　　■4主観的要件

〈重要判例〉

■1強盗の機会：最高裁判所昭和24年5月28日判決
■2強盗殺人罪の未遂：大審院昭和4年5月16日判決

〈判断基準と考え方〉

■1本条の趣旨　　■2主　体　　■3客　体　　■4行為・結果
■5致死傷結果の原因行為　　■6脅迫による致傷・致死　　■7未遂・既遂

Ⅱ　強盗・強制性交等罪、強盗・強制性交等致死罪……57

〈概　要〉

〈定義と具体的適用例〉

■1強盗の罪若しくはその未遂罪を犯した者　　■2強制性交等の罪若
しくはその未遂罪を犯した者　　■3同一の機会

〈判断基準と考え方〉

■1本条の趣旨　　■2強盗・強制性交等罪（1項）　　■32項の趣旨
■4強盗・強制性交等致死罪（3項）　　■5人を負傷させた場合
■6241条3項の未遂

第5章　詐欺罪・恐喝罪 ……………………………………………………… 61

Ⅰ　詐　欺　罪……61

〈概　要〉

■1欺く行為（欺罔行為）：〈定義と具体的適用例〉〈判断基準と考え方〉
■2財物・財産的損害（246条1項）：〈定義と具体的適用例〉

3財産上不法の利益（246条2項）：〈定義と具体的適用例〉〈判断基準と考え方〉

4交付行為・処分行為：〈定義と具体的適用例〉〈判断基準と考え方〉〈重要判例：最高裁判所昭和30年4月8日判決〉

5実行の着手：〈定義と具体的適用例〉〈重要判例：最高裁判所平成30年3月22日判決〉

6特殊事例：〈定義と具体的適用例〉〈判断基準と考え方〉

Ⅱ　準詐欺罪……79

〈概　要〉

〈定義と具体的適用例〉

1未成年者の知慮浅薄　　**2**人の心神耗弱　　**3**乗じて

Ⅲ　電子計算機使用詐欺罪……80

〈概　要〉

〈定義と具体的適用例〉

1電磁的記録　　**2**財産権の得喪若しくは変更に係る電磁的記録　**3**虚偽の情報若しくは不正な指令を与えて不実の電磁的記録を作り　**4**虚偽の電磁的記録を人の事務処理の用に供して

〈判断基準と考え方〉

Ⅳ　恐　喝　罪……82

〈概　要〉

〈定義と具体的適用例〉

1恐喝行為　　**2**財産上不法の利益

第6章　横　領　罪……………………………………………………………85

Ⅰ　横　領　罪……85

〈概　要〉

〈定義と具体的適用例〉

1自己の占有する他人の物　　**2**横　領　　**3**不法領得の意思

〈重要判例〉

1不動産の二重売買と横領：福岡高等裁判所昭和47年11月22日判決　**2**横領後の横領：最高裁判所平成15年4月23日判決

〈判断基準と考え方〉

1本条の趣旨　　**2**主　体　　**3**物　　**4**占　有
5委託(信任)関係　　**6**他人の物　　**7**横領の意義
8不法領得の意思　　**9**既遂・未遂　　**10**共　犯
11横領後の横領

Ⅱ　業務上横領罪……99

〈概　要〉

〈定義と具体的適用例〉

業務上自己の占有する他人の物

〈判断基準と考え方〉

1本条の趣旨　　**2**主　体　　**3**共犯と身分

Ⅲ　遺失物等横領罪……101

〈概　要〉

〈定義と具体的適用例〉

占有を離れた他人の物

〈判断基準と考え方〉

本条の趣旨

第7章　背　任　罪……………………………………………………………103

〈概　要〉

〈定義と具体的適用例〉

1他人のためにその事務を処理する者　　**2**任務違背
3財産上の損害　　**4**故　意　　**5**図利加害目的

〈重要判例〉

背任罪における「事務処理者」の意義：最高裁判所昭和31年12月7日
判決

〈判断基準と考え方〉

1本条の趣旨　　**2**背任罪の本質　　**3**主　体　　**4**他人の事務
5任務違背行為　　**6**財産上の損害　　**7**図利加害目的
8横領罪と背任罪の区別　　**9**共　犯

第8章　盗品等に関する罪 ··· 113

I　盗品譲受け等の罪······113

〈概　要〉

〈定義と具体的適用例〉

1盗品その他財産に対する罪に当たる行為によって領得された物
2本罪の行為　　**3**故　意

〈重要判例〉

最高裁判所昭和27年 7 月10日決定／最高裁判所昭和50年 6 月12日決定／最高裁判所平成14年 7 月 1 日決定

〈判断基準と考え方〉

1盗品関与罪の罪質　　**2**主体について

II　親族間の犯罪に関する特例······121

〈概　要〉

〈定義と具体的適用例〉

1親族関係　　**2**親族でない共犯

〈重要判例〉

最高裁判所昭和38年11月 8 日決定

第9章　毀　棄　罪 ·· 123

I　公用文書等毀棄罪······123

〈概　要〉

〈定義と具体的適用例〉

1公務所の用に供する文書又は電磁的記録　　**2**毀　棄

〈重要判例〉

最高裁判所昭和57年 6 月24日判決

〈判断基準と考え方〉

II　私用文書等毀棄罪······127

〈概　要〉

〈定義と具体的適用例〉

　　■1 権利又は義務に関する他人の文書又は電磁的記録　　■2 毀　棄

　〈判断基準と考え方〉

Ⅲ　建造物等損壊及び同致死傷罪……128

　〈概　要〉

　〈定義と具体的適用例〉

　　■1 他人の建造物又は艦船　　■2 損　壊　　■3 よって人を死傷させる
　　■4 傷害の罪との比較

　〈重要判例〉

　　最高裁判所平成19年 3 月20日決定

　〈判断基準と考え方〉

Ⅳ　器物損壊罪……132

　〈概　要〉

　〈定義と具体的適用例〉

　　■1 前 3 条に規定する以外の他人の物　　■2 損壊又は傷害

　〈重要判例〉

　　大阪高等裁判所平成13年 3 月14日判決

　〈判断基準と考え方〉

Ⅴ　境界損壊罪……136

　〈概　要〉

　〈定義と具体的適用例〉

　　■1 境界標　　■2 損壊、移動、除去、その他の方法　　■3 認識するこ
　　とができないようにすること

　〈判断基準と考え方〉

Ⅵ　信書隠匿罪……138

　〈概　要〉

　〈定義と具体的適用例〉

　　■1 他人の信書　　■2 隠　匿

　〈判断基準と考え方〉

第10章 権利行使と財産犯 ······················· 140

〈概　要〉

〈定義と具体的適用例〉
1社会通念上一般に認容すべき程度　　**2**権利濫用
3「権利行使として認容される範囲を超える」の判断基準
4財産犯の成立する金額

〈判断基準と考え方〉
1判断の体系的地位　　**2**「社会通念上一般に認容される程度」の基準

〈重要判例〉
最高裁判所昭和30年10月14日判決

第11章 不法原因給付と財産犯 ······················· 149

〈概　要〉

〈具体的適用例〉
1詐欺罪　　**2**２項強盗殺人罪　　**3**横領罪

〈重要判例〉
1不法原因給付と詐欺罪：最高裁判所昭和25年７月４日判決
2不法原因給付と横領罪：最高裁判所昭和23年６月５日判決

第12章 不法領得の意思 ······················· 154

〈概　要〉

〈定義と具体的適用例〉
1不法領得の意思の機能　　**2**学説・判例　　**3**詐欺罪における不法領得の意思　　**4**横領罪における不法領得の意思
5盗品関与罪における不法領得の意思

〈重要判例〉
最高裁判所平成16年11月30日決定

〈判断基準と考え方〉

第13章　財産犯の保護法益 ··· 162

　〈概　要〉

　〈定義と具体的適用例〉

　　1自己の財物　　**2**他人の占有　　**3**公務所の命令により他人が看
　　守するもの　　**4**財産犯の保護法益に関する判例など

　〈重要判例〉

　　窃盗罪の保護法益：最高裁判所平成１年７月７日決定

　〈判断基準と考え方〉

　　1本条の趣旨　　**2**財産犯の保護法益　　**3**判例の立場　　**4**中間説

凡　例

【法　令】

刑法については、本文・括弧内とも条番号のみを明記している。

【判　例】

・判決文の引用は、原則、原文どおりとし、新字体・アラビア数字に置きかえた。
・年月日、出典の示し方は下記のとおり。

　　最判昭25・8・29刑集4・9・1585

　　　　→最高裁判所昭和25年8月29日判決最高裁判所刑事判例集4巻9号1585頁

　　大阪高判昭47・8・4高刑25・3・368

　　　　→大阪高等裁判所昭和47年8月4日判決高等裁判所刑事判例集25巻3号368頁

　　福岡地大牟田支判平5・6・29判タ828・278

　　　　→福岡地方裁判所大牟田支部平成5年6月29日判決判例タイムズ828号278頁

・主な判例集の略称は下記のとおり。

刑録	大審院刑事判決録
刑集	大審院刑事判例集、最高裁判所刑事判例集
裁判集刑	最高裁判所裁判集刑事
高刑	高等裁判所刑事判例集
下刑	下級裁判所刑事裁判例集
東高刑時報	東京高等裁判所判決時報（刑事）
東高時報	東京高等裁判所判決時報
高刑特	高等裁判所刑事裁判特報
高判特	高等裁判所刑事判決特報
高刑速	高等裁判所刑事裁判速報集
刑事裁判月報	刑月
判時	判例時報
判タ	判例タイムズ

【文　献】

文献略記は以下のとおり。

井田	井田　良『講義刑法学・各論〔第2版〕』（2020年、有斐閣）
内田	内田文昭『刑法各論』（1996年、青林書院）
大谷	大谷　實『刑法講義各論〔新版第5版〕』（2019年、成文堂）

大塚	大塚裕史ほか『基本刑法Ⅱ各論〔第2版〕』（2018年、日本評論社）
香川	香川達夫『刑法講義〔第3版〕』（1996年、成文堂）
研修	法務誌友会事務局研修編集部編『法務総合研究所研修』
佐久間	佐久間修『刑法各論〔第2版〕』（2012年、成文堂）
曽根	曽根威彦『刑法各論〔第5版〕』（2012年、弘文堂）
高橋	高橋則夫『刑法各論〔第3版〕』（2018年、成文堂）
団藤	団藤重光『刑法綱要各論〔第3版〕』（1990年、創文社）
中森	中森喜彦『刑法各論〔第4版〕』（2015年、有斐閣）
西田	西田典之『刑法各論〔第7版〕』（2018年、弘文堂）
林	林　幹人『刑法各論〔第2版〕』（2007年、東京大学出版会）
福田	福田　平『刑法各論』（1988年、有斐閣）
前田	前田雅英『刑法各論講義〔第7版〕』（2020年、東京大学出版会）
町野・中森	町野　朔・中森喜彦編『刑法2各論〔第2版〕』〈有斐閣アルマ〉（2003年、有斐閣）
松原	松原芳博『刑法各論』（2016年、日本評論社）
松宮	松宮孝明『刑法各論講義〔第5版〕』（2018年、成文堂）
山口	山口　厚『刑法各論〔第2版〕』（2010年、有斐閣）
山中	山中敬一『刑法各論〔第3版〕』（2015年、成文堂）

本書の目的と使い方　初学者のために

　まずはじめに、刑法の学習を始めるにあたって一番に本書を手に取ってしまった初学者のために、本書の目的と用法を説明しておきたい。刑法各論の中心部分をひと渡りであっても学習したことのある者にとっては、第1章以下の構成を見れば、本書をどのように用いることができるかは一目瞭然であろうから、そのような人は本章に目を通す必要はない。

❶ 目　的：法規と判例のリファレンス・ツール

　本書はスポーツにおけるルールブックのような存在を意図して編まれた。刑法というルールを適用する際に簡便に参照できるリファレンス・ツールとしてである。もちろんもっとも狭い意味では実際に法を適用することができるのは裁判所のみであるから、本書の読者として想定されている者の多く、すなわち刑法を学習している段階の者は、裁判所が適用するかどうかを推断することができるにとどまる。つまりは、適用と言っても、各種試験の問題を解くにあたって、に限られることになる。

　法律学においてそのようなリファレンスの機能を期待される書物としては既に「六法」あるいは「六法全書」と呼ばれる形態の法規集がある。スポーツのルールブックは極めて具体的に記述されている（よう知らんけど）が、成文法のテキストが宿命的に負わされる記述の抽象性の故に、六法を見るだけでは、現に行われている具体的なルール、具体的な事案がどのように処理されるかを知ることはできない。条文毎に関連する判例の要約をも掲載した六法も各種あるが、もう少し詳細な情報が必要である。もっとも、本書はそれらよりは詳細な説明を加えているものの、参照の簡便さを目指して、教科書や解説書類にみられるような思考過程の説明、理論的分析、歴史的叙述を省き原則として結論のみを叙述する形をとっている。一言で言えば、各刑罰法規の個別要件にまでは細分化した上で、それらについて判例が示した、そして定着したとみられる定

義を中心に判例の行うルールを描き出すことを企図して書かれたのが本書である。

スポーツ競技のルールは、一定の種類のプレイが実際に行われたことを条件として審判や各プレイヤーの次の行動や点数を決める。刑法というルールも具体的なプレイ、つまり犯罪になりそうな行いがあったときに初めて現実的な作用を生じる。それ故、多くのルールについて、どのような具体的「プレイ」があったときにどうなるのか、という形での理解が必要になる。法律もルールの一種である以上、この点は同じなのである。つまり、刑法に限らず、法律学の学習において非常に大きなウェイトを占めるのが具体的事例への適用のありかたなのである。どのような事実に当該ルールが適用されることによって何が起こるのかを知ることが法律学学習の第一歩であると言って良い。ある事実にあるルール（法規）を「適用する」とはどういうことか。当該ルールの条件を当該事実が充たしているか、つまり当該具体的事実がその法規の予定している類型にあてはまるかどうかを判定するということである。しかし、その判定には意見の違いが生じうる。

成文法の法体系における法的ルール、即ち法律、法規は、同じ特徴を持った事案は同じように処理されるように、つまり平等な紛争処理が可能になるように、そして立法当時には知られていないタイプの事案にも対応できるように（理由はほかにも考えられるが）問題となる特徴だけを捉えた抽象的な文言によって記述される。そこで、ある事実がその法規の予定する諸条件を充たすか否かの判断は、典型的事例については容易であるとしても、問題となる事案に典型とは異なる部分が増えるに従って、どちらとも言える余地が大きくなる。それをどちらか（当てはまるか否か）に決するのが法解釈という作業であり、そもそもどちらとも言えるのであるから、意見の違いが生じるのは必然である。たとえば、ある日コンビニの傘立てに立てておいたら盗まれてしまった傘を数日後同じコンビニの傘立てで発見して持ち帰る行為は「他人の財物を窃取した」にあたるのか否かというと、傘の所有権に着目すれば否となる（「自分の傘だもの」）が、現に所持している人が別にいることに着目すれば、「あたる」と言えることになる。そして、このどちらとも言える判断をどちらか一方に決定する最終的権限は、裁判所だけが持つ。従って、ある法規がある事実に適用され、

その法規の効果（刑法の場合、これはある意味簡単で、犯罪が成立し、その行為者が処罰されるということがその中核をなす）が生じるかどうかを知るためには、裁判所の過去の判断を知らなければならない。現時点で生じている具体的事案が将来裁判所によってどのように処理される（裁かれる）ことになるのかを予測する（これができるようになることが法律学学習の一つの目標である）ためには、過去に同様の、類似の、同じ特徴を持つ事案を裁判所が処理した例、つまり判例を知ることが必要となるのである。

▌2▐ 対象を財産犯に限っていることについて

　本書はその対象を刑法典上の財産犯と総称される犯罪類型群に限定している。執筆者 3 名が教壇に立つ関西大学法学部では、1 年生全員が春学期に、つまり全くの初心者として履修すべき科目として刑法各論が置かれ、春学期は財産犯のみを学習することになっている。抽象的な原理、理論の話が多い総論よりも各論の諸問題の方が具体性があり、且つ、窃盗、強盗等は全くの初学者であっても聞いたことぐらいはあることが推測される概念であるから、初めて勉強する刑法としては取り組み易いであろうという考慮に基づいている。本書が財産犯のみを対象とする理由の 1 つは、そうした形の講義の教科書として用いるためである。

　しかし、財産犯が特別扱いされるべき実質的理由は、他にある。第一に、犯罪現象として、その数が突出して多いことである。窃盗罪だけで、刑法犯の認知件数の 7 割程度を占め、検挙件数ベースでも財産犯合計で全刑法犯の 3 分の 2 程度に達する。数の上で拮抗するのは危険運転致死傷罪等の交通事犯だけである。だからこそ、刑法を学習したことがない者にも馴染みがあるわけであるが、なによりも社会現象として大量であれば、おのずとこれに対処すべき法規定は重要視される。

　第二に、現象としての数が多いから、裁判所がこれを取り扱う頻度も高く、適用例は数多い。また、それ故に、具体的事件においてある刑罰法規の適用の可否につき争いが生じる（いや、別に裁判所で殴り合ったりするわけではない。適用できるという判断もできないという判断も十分な理論的あるいは事実的根拠を以て主張できる事件が裁かれることがある、という意味である。法律学上の「問題」というもの

は基本的にそのような構造を持つ。）頻度も高く、裁判所が様々な問題につき断を下した例も十分に蓄積されている。つまり学ぶべきルールは細部にわたり、多様且つ多数である。

第三に、刑法を試験科目とする各種試験において出題される頻度が高い分野であるからである。殊に司法試験においては、論文式試験で財産犯に関わる問題が出題されなかった年を数える方が早いほどである。過去の適用例（判例）が数多いので、法文の裁判所による解釈が細部にいたるまで示されかつ定着しており、争いのある論点についても答のバリエーションは出尽くしているから、一定の「正解」を設定することが容易である。つまりは出題しやすいのである。

❸ 本書の使い方

本書の特徴は、個別の犯罪成立要件の判例による定義の記述を旨として、一覧性を意図した箇条書き的記述が多いところにある。従って、本書の用途は主として記憶喚起にあることになる。すなわち、復習の道具として使うことに最も効果を発揮するようになっている。原則としてどのような要件があるかと、それぞれの要件の定義しか記述していないから、各要件相互の関係や、全体の考え方を理解するには、講義を聴くか、他の書物によることが前提となる。

もちろん講義を聴くことができる場合には、講義の概要をあらかじめ知るためのレジュメとして、つまり予習にも使うことができる。その場合は、定義を押さえた上で、各定義間の関係やそのような定義がなされる理由について理解できないポイントを発見して書き留めておき、講義でその解消を図るという使い方になる。他の教科書によって理解を目指す場合も同じである。予習に使う場合、あるいは本書から学習を始める場合、本書は理解が難しい点の発見に使うのがベストである。

❹ 本書の構成と機能

本書は原則として犯罪類型毎に（例外として複数類型にまたがる問題のいくつかについても）1章をあて、それぞれを**概要、定義と具体的適用例、判断基準と考え方、重要判例**の4部に分けている。

　　概　要　　　当該犯罪類型の全体像をイメージし、思い出すための記述であると同時に、各要件の内容についての記憶が喚起できるかをチェックするためのキーとして使う部分である。試験前にこのコーナーに上げられた各要件を見ただけでその定義と理解を再現することができるかを確認するといった使い方が想定されている。そこで思い出せなければ、あるいは答合わせとして次の**定義と具体的適用事例**のコーナーを読むことになる。

　　定義と具体的適用例　　　本書の心臓部である。各要件の判例による定義、限界設定を具体例を付して列挙してある。ここで各要件の具体的イメージを掴む。概念内容と具体例との結びつけに使う。

　　判断基準と考え方　　　個別事例を全て記載することはできないし、記憶することもできない。判例がある程度抽象的で一般化可能な、しかし同時に具体化可能な形で指標や考え方を示している、あるいは多くの判例からそれが読み取れる場合には、これを憶えるのが便宜である。このコーナーでは、そうした個々の具体例に共通する要素ないし属性を描きだすことを意図している。更に、何故そうなるかが分からなければ、具体例を記憶に定着させることが難しい場合もある。そのような場合の理解の助けになるはずである。

　　重要判例　　　個々の項目（犯罪種別）毎の最重要判例における論の進め方を詳細に再現できれば、場合によってはそれだけで、事例問題について正解を導くことができることもある。このコーナーは、事例処理（各要件への事実のあてはめ方、及びその順序）を一つの流れとして理解させるために設けられている。

⑤ 判例の出典表記について

　　本書中には、「最判昭32・11・8刑集11・12・3061」、「東京高判昭54・4・12刑月11・4・277」、「東京地判平10・6・5判タ1008・277」といった記述が頻出する。これは判例の出典を示している。標準的な（割と普通に行われている）方式に従った。本書は原則として要約しか記載していないから、当該判例

が扱った事案のさらに具体的な特徴や判示事項の詳細が知りたい（読みたい）場合（ゼミでの報告やレポートの作成に際してはそこまでの調査が求められることが多い）、これを判読して図書館他（今日ではオンライン・データベースを使うのが普通かもしれない）で検索できなければならない。

　先頭の「最判」、「東京高判」、「東京地判」は、それぞれ「最高裁判所」の「判決」、「東京高等裁判所」の「判決」、「東京地方裁判所」の「判決」を示す略語である。正確には本書の凡例を参照されたいが、この３つの例で既に、省略の法則性は読み取れるであろう。では、「大阪高判」は？続く「昭」、「平」等は元号の略記であることは明らかであるから後続する「・」で区切られた数字が「年・月・日」であることは容易に推測がつくであろう（丁寧に「昭和〇〇年〇〇月〇〇日」と表記する書物もある）。数字の後にくる「刑集」、「刑月」、「判タ」といった文字列はそれぞれ、当該判例が搭載されている公刊物である。「最高裁判所刑事判例集」、「刑事裁判月報」、「判例タイムズ」である。これは多種多様なので、いくつかは憶えておくことができるとしても、本書の（あるいは他の各種の書物に付されている）凡例に頼らなければならないことが多いであろう（今日では書名の略記法にはあまり「方言」はなく、ほぼ共通である）。やっかいなのがその次の数字である。「刑集」の場合、「巻・号・頁」であるが、「判タ」の場合「号・頁」、上例にはないが「大審院刑事判決録」＝「刑録」の場合、「輯・頁」である（「頁」は「ページ」と読む。「項」と混同する人がたまに見受けられるが、気をつけて）。上記最高裁判例の例を略記せずに書くと「最高裁判所昭和32年11月8日判決最高裁判所刑事判例集11巻12号3061頁」である。略し方の程度は書物によって異なるが、必須の情報は裁判日時、掲載公刊物の種類と巻・号・頁である。

| 最判 昭32・11・8 | 刑集 11・12・3061 |

| 最高裁判所判決 | 昭和32年11月8日 | 最高裁判所刑事判例集 | 11巻12号3061頁 |

第1章 財産犯の諸類型と個別問題の概観

I 現行法における財産犯のシステム

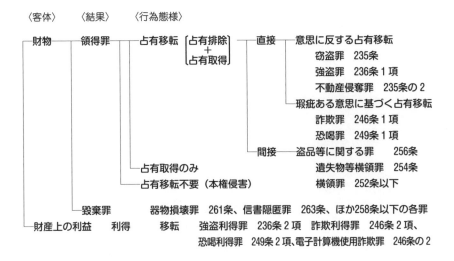

＊背任罪（247条）は、財物も財産上の利益も客体とし、財物について占有移転の有無を問わない。

II 問題概観

■1 各類型の個別要件の限界

（1）主として行為の記述を巡って　　　　付随する区別問題

「窃取」（235条）　　←──→強取　占有移転の態様

「侵奪」（235条の2）

「強取」（236条）　　←──→窃取　占有移転の態様

　　　　　　　　　↘恐喝　脅迫の程度

「人を欺いて交付させる」(246条) ←→ 窃取　占有移転の態様

「虚偽の情報若しくは不正の指令を与えて」、「不実の電磁的記録を作り」、「虚偽の電磁的記録を人の事務処理の用に供して」(246条の2)

「恐喝」(249条) ←→ 窃取　占有移転の態様
　　　　　　　　　　→ 強取　脅迫の程度

「横領」(252条) ←→ 窃取　占有の主体

「任務に背く行為」(247条) ←→ 横領　権限の濫用か逸脱か

「無償で譲り受け」、「運搬」、「保管」、「有償で譲り受け」、「有償の処分のあっせん」

「隠匿」(258条以下、特に263条) ←→ 毀棄は効用毀滅なので隠匿をも含む
　　　　　　　　　　　　　　　　→ 窃盗　不法領得の意思

「毀棄」「損壊」「傷害」(258条以下)

（2）その他の要件の限界

「不動産」(235条の2)

「窃盗が」(238条)　＝窃盗犯人が、
　　　　　　　　　　　窃盗の機会の継続中

「財物を得てこれを取り返されることを防」ぐ目的（238条）

「逮捕を免れ」る目的（238条）

「罪跡を隠滅する」目的（238条）

「昏酔させて」(239条)

「人を負傷させたとき」「人を死亡させたとき」(240条・241条3項)
　　　　　　　　　　　死傷につき故意ある場合を含むか

「人の事務処理に供する電子計算機」(246条の2)

「虚偽の情報」、「不正な指令」、「不実の電磁的記録」、「虚偽の電磁的記録」(246条の2)

「業務上」(253条)

「遺失物、漂流物その他占有を離れた他人の物」(254条)

「盗品その他財産に対する罪に当たる行為によって領得された物」(256条)

「公務所の用に供する」(258条)

「権利又は義務に関する他人の」（259条）

「文書」（258条・259条）

「建造物又は艦船」（260条）、「前三条に規定する物のほか、他人の物」
（261条）、「境界」（262条の2）、「信書」（263条）

2 複数の類型に共通する諸要件の限界

- ・「財物」概念　　　　窃盗、強盗、詐欺、恐喝、横領に共通
- ・「占有」概念　　　　占有の有無⇒窃盗か遺失物横領か

　　　　　　　　　　　　占有の主体は誰か、移転はあるか⇒窃盗か横領か

　　　　　　　　　　　　占有移転の態様①処分行為の有無⇒窃盗か詐欺、恐喝か

　　　　　　　　　　　　　　　　　　②処分行為がない移転⇒窃盗か強盗か

- ・「財産上の利益」概念　　窃盗、強盗、詐欺、電子計算機使用詐欺、恐喝に共通
- ・不法領得の意思　　　　窃盗、強盗、詐欺、恐喝、横領に共通

　　　　　　　　　　　　　毀棄罪との区別

3 複数の犯罪類型に共通する諸問題

財産罪の保護法益（本権か占有か権利か経済的価値か）

問題となる事例類型	問題となる犯罪類型
権利のない占有者からの奪取	盗品罪を除く全占有移転罪
民事法上の財産関係が不明な場合	盗品罪を除く全類型
権利行使としての財産犯	窃盗、強盗、詐欺、恐喝
相当対価の支払い	窃盗、強盗、詐欺、恐喝
不法原因給付	詐欺、恐喝、横領

第2章 窃盗罪

I 窃盗罪

概要

（窃盗）
第235条　他人の財物を窃取した者は、窃盗の罪とし、10年以下の懲役又は50万円以下の罰金に処する。

〈要件〉
1　他人の財物	他人の 財物	他人の占有する 財産的価値のある有体物 ＊電気（財物とみなす）
2　窃取	他人の占有の排除 占有取得	
3　不法領得の意思		
4　故意		

⇒未遂の処罰（243条）

定義と具体的適用例

■1 他人の　＝犯人以外の者の占有下にあること

（1）他人の所有権に属することを意味しない

242条「自己の財物であっても、他人が占有し、又は公務所の命令により他人が看守するものであるときは、この章の罪については、他人の財物とみなす。」

(2) 占有＝事実上の支配

　「刑法上の占有は人が物を実力的に支配する関係であつて、その支配の態様は物の形状その他の具体的事情によつて一様ではないが、必ずしも物の現実の所持又は監視を必要とするものではなく、物が占有者の支配力の及ぶ場所に存在するを以て足りると解すべきである。しかして、その物がなお占有者の支配内にあるというを得るか否かは通常人ならば何人も首肯するであろうところの社会通念によつて決するの外はない。」（最判昭32・11・8刑集11・12・3061）

(a) 限定された支配空間内にある場合（場所的近接性）

　被害者が自宅内で見失った物にはなお被害者の占有がある（大判大15・10・8刑集5・440）。

(b) 直接的握持、場所的近接の回復可能性と時間的空間的限界(短時間内、近距離、記憶と認識)

【占有肯定例】

・飼い主のもとに帰る性質のある猟犬は飼育者の支配地域外にいても飼育者の占有下にある（最判昭32・7・16刑集11・7・1829）。

・春日大社の鹿は春日大社の占有下にある（大判大5・5・1刑録22・672）。

・夜間公道上に放置した自転車についても占有あり（福岡高判昭30・4・25高刑集8・3・418）。「客観的に見てその所有者を推知できる場所に存するとき」

・バス待ちの列の側に置き忘れて、5分間19.58m離れた物もなお占有下にある（最判昭32・11・8刑集11・12・3061）。

・駅の窓口に置き忘れた財布は、1〜2分、15〜16m離れた時点でも占有下にある（東京高判昭54・4・12刑月11・4・277）。

【場所的時間的近接性がない場合の占有否定例】

・スーパー6階のベンチに置き忘れた物は、持ち主が地下1階まで離れた、10分後の時点ではすでに、持ち主の支配力は及んでいない（東京高判平3・4・1判時1400・128）。

・被害者が相当長時間戻らないつもりで、歩道上の植え込み部分に置いて無施錠のまま放置した自転車は、被害者がその場を離れて1時間余りが経過した時点では、被害者の占有を離れている（東京高判平24・4・11東高時報63・1〜12・60）。

・被害者が駅近くの駐輪場横の空地に無施錠のまま止めた自転車は、駐輪されてから半日ほどが経過した時点で、被害者が相当に離れた場所にいた場合には、被害者の占有下にはない（東京高判平24・10・17高刑速（平24）・143）。

・酩酊のため置き場所も失念して放置した自転車はこれを領得しても占有離脱物横領に過ぎない（東京高判昭36・8・8高刑集14・5・316）。

(c)　空間的懸隔を補填する占有意思と場所の特定的認識

・海中に取り落とした物件については、その落下場所をおおむね正確に認識していた限り、その物件の現実の握持なく、現物を見ておらずかつその物件を監視していなくても、所持すなわち事実上の支配管理を有する（最決昭32・・24刑集11・1・270）。

(d)　空間全体の管理者の占有

【肯定例】

・銀行事務室内で机上から落ちた銀行の所有金は、銀行員が気づいておらず、その占有は離れているとしても銀行建物の管理者の占有に属する（大判大11・9・15刑集1・450）。

・旅館内の便所に忘れた財布は旅館主の支配下にある（大判大8・4・4刑録25・382）。

・旅館内の脱衣所に置き忘れた時計は旅館の支配下にある（札幌高判昭28・5・7判特32・26）。

・ゴルフ場のロストボールは池の中にあってもゴルフ場の占有下にある（最決昭62・4・10刑集41・3・221）。

・通話者がとり忘れた公衆電話機の中の硬貨は、所属の電話局長の管理下にある（東京高判昭33・3・10裁特5・3・89）。

【否定例】

・営業運転中の鉄道車両内の忘れ物の毛布を領得した場合は、占有離脱物横領罪にあたる。車掌は届け出られた忘れ物の交付を受ける権能を有するだけで車内の遺留品を当然に占有しているというわけではない（大判大15・11・2刑集5・491）。

(e) 占有の弛緩、被告人が直接的握持を確保した物に対する占有

・旅館の丹前、浴衣などは旅館の主人の占有下にある（最決昭31・1・9刑集10・1・67）。

・館内閲覧のために借り出した図書の館外持ち出しは窃盗にあたる（東京高判昭48・9・3裁特（東高刑報）24・9・141）。

（3）占有の主体

(a) 死者の占有

・野外において、人を殺害した後、領得の意思を生じ、右犯行直後、その現場において、被害者が身につけていた時計を奪取した一連の被告人の行為は、これを全体的に考察して、他人の財物に対する所持を侵害したものというべきである（最判昭41・4・8判時447・97）。

【死者の占有が認められた例】

・殺害3時間後および86時間後の奪取（東京高判昭39・6・8高刑集17・5・446）。

・殺害直後、16時間後および49時間後の奪取（福岡高判昭43・6・14下刑集10・6・592）。

・殺害の4日後、殺害現場ではない被害者の居室から財物を奪取した場合にも窃盗罪を認めた（東京地判平10・6・5判タ1008・277）。

【否定例】

・5日後、10日後の盗取については占有離脱物横領しか認めなかった（新潟地判昭60・7・2判時1160・167）。

・殺害の9時間後の奪取について占有離脱物横領とした（東京地判昭37・12・3判時323・33）。

(b)　上下主従関係に立つ者の占有関係、共同占有

雇傭関係等に基づき上下関係がある場合、下位者が財物を握持していても、上位者が占有者であり、下位者はその補助者に過ぎず、下位者が上位者を排除して独占的支配を獲得する行為は窃盗罪にあたる。

・車掌が運搬中の貨物から自転車チューブほかを抜き取った場合、車掌は鉄道省の機関として荷物を共同占有しているに過ぎないから、鉄道省の占有を侵害したといえる（大判大14・7・4刑集4・8・475）。

・倉庫係による倉庫内保管米の領得は、占有補助者による農業会長の占有の侵害にあたる（大判昭21・11・26刑集25・50）。

・通信事務員カ郵便局長ノ指揮監督ノ下ニ赤行嚢ヲ開披シ郵便物ノ整理中窃カニ右郵便物ヲ領得スルトキハ窃盗罪ヲ構成シ業務上横領罪ヲ構成セス（大判昭15・11・27刑集19・820）。

・雇い人が雇い主の居宅で販売する商品には雇い人の占有は及ばない。店主の占有に属する（大判大7・2・6刑録24・32）。

　　＊両者間に高度の信頼関係が存在し、財物を現実的に支配している下位者にある程度の処分権が委ねられている場合は、下位者に占有が認められる。

・他人と共同占有している物を、共同占有者の占有を奪って自己の単独の占有に移したときは、横領罪ではなく窃盗罪が成立する（最判昭25・6・6刑集4・6・928）。

・銀行の支配人心得と頭取の共同占有にかかる有価証券を支配人心得が単独占有に移した場合、窃盗罪が成立する（大判大8・4・5刑録25・489）。

・倉庫内の物品については倉庫の鍵を所持していた被告人と上司との共同占有がある（最判昭25・6・6刑集4・6・928）。

(c)　委託された包装物の占有関係

封かん、施錠などによって容易に開披しえない状態にされた包装物が委託された場合、内容物についてはなお委託者に占有があるから、受託者が

中身を取り出した場合は窃盗罪が成立する。

・施錠したカバンから衣類を抜き取る行為は窃盗罪（大判明41・11・19刑録14・1023）。

・郵便配達人が配達中の信書に封入された小為替証書を開封して取り出した場合は、窃盗罪（大判明45・4・19刑録1023）。

・縄をかけ梱包した荷物の中身の衣類を抜き取った場合は窃盗罪（最決昭32・4・25刑集11・4・1427）。

・他人から預かった集金カバン在中の現金抜き取りは窃盗罪（東京高判昭59・10・30判時1147・160）。

② 財　　物

（1）物

「物とは、有体物をいう」（民法85条）

「この章（第36章窃盗及び強盗の罪）の罪については、電気は、財物とみなす」（245条）

＊不動産は刑法235条の2の客体　葬祭対象物は刑法190条の客体

（2）財

(a)　金銭的、経済的価値は必要ない

財物とは「所有権の目的となり得べきものをいい、それが金銭的ないし経済的価値を有するや否やを問わない。」共産党中央指令綴は、強、窃盗罪の客体たる財物にあたる（最判昭25・8・29刑集4・9・1585）。

(b)　消極的価値、使用・保管価値しかない物も財物

・消印済収入印紙（大判明44・8・15刑録17・1488、大判昭4・7・4刑集8・386、最決昭30・8・9刑集9・9・2008）。

・無効な約束手形（大判明43・2・15刑録16・256）。

・価格2銭程度の石塊（大判大1・11・25刑録18・1421）。

・印鑑証明用紙（東京高判昭28・9・18判特39・108）。

・失効した運転免許証（東京地判昭39・7・31下刑集6・7＝8・891）。

(c) 禁制品も財物

　・所持を禁止されている濁酒を奪う行為も窃盗(最判昭26・8・9 LEX/DB27943438)。

(d) 財物にあたらないとされた物

　・汽車の発着時間などを記載したに過ぎないメモ用紙（大阪高判昭43・3・4下刑集10・3・225)。

　・四つ折りのちり紙13枚（東京高判昭45・4・6東高時報21・4・152)。

　・外れ馬券（札幌簡判昭51・12・6判時848・1281)。

　・偽造文書（大判明42・11・9刑録15・1536)。

❸ 窃　取

　　窃盗罪は財物の占有者の意思に反してその財物を犯人または第三者の占有下に移した場合に成立する（福岡地判平31・1・22 LEX/DB25570015)。

（1）意思に反する占有移転

　・パチスロ機から体感器を用いてメダルを排出させる行為は、通常の遊戯方法の範囲を逸脱しており、パチンコ店の意思に反する占有移転である（最決平19・4・13刑集61・3・340)。

　・自己名義の口座に入金された金員が詐欺等の犯罪行為により入金された預金口座から振替送金がなされたものであることを知りながら、キャッシュカードを用いてＡＴＭから現金を引き出した行為は、ＡＴＭ管理者の意思に反しその占有を侵害するものであるから、窃盗罪を構成する（名古屋高判平24・7・5高刑速（平24)・207)。

　・預かり保管中の他人名義のカードを名義人の承諾を得ずに使用してＡＴＭから現金を引き出す行為は、金融機関の意思に反し、窃盗罪にあたる（仙台高判平28・7・14高刑速（平28)・282)。

（2）窃取の開始時期＝実行の着手＝未遂成立時期

　　他人の占有を排除ないし解除する行為もしくはそれに密接に接着する行為の開始。

・住居侵入後、物色行為を始めた時点（最判昭23・4・17刑集2・4・399）。

・金品を物色するためタンスに近づく行為の時点（大判昭9・10・19刑集13・1473）。

・自動車のドアの鍵穴にドライバーを差し込んだ時点（東京地判平2・11・15判時1373・144）。

・電車の自動券売機の硬貨釣銭返却口に接着剤を塗り付け、乗客が投入した硬貨の釣銭が接着剤に付着するのを待ち、その釣銭を回収して取得しようとして、接着剤を塗布した時点（東京高判平22・4・20東高時報61・1〜12・70）。

（3）窃取の終了時期＝既遂時期

占有を取得した時点＝自己の支配内に移した時点　対象物が小さい場合は、対象物を握持するか、その所在が他人から容易に知りえない状態にした時点。対象物が大きい場合は、搬出可能な状態を作り出した時点。

・被害者のズボン右後ポケット内より財布を抜きとりこれを被告人の手中に収めた時点（最判昭29・6・29裁判集刑96・587）。

・店頭の商品である靴下を懐中に収めた時点（大判大12・4・9刑集2・330）。

・他人方の浴場で他人の遺留品の指輪を発見し、浴室内の隙間に隠した時点（大判大12・7・3刑集2・624）。

・スーパーマーケットの店内で未精算の液晶テレビ（幅469mm、高さ409mm、奥行き167mm）を男性用トイレの洗面台下部に設置されている収納棚に隠し入れ、その後に購入した袋に入れて店外に持ち出そうとした場合、テレビをトイレの収納棚に隠し入れた時点で、被害者である本件店舗関係者が把握困難な場所に本件テレビを移動させたのであり、しかも被告人が袋を買う際に不審を抱かれなければ、これを店外に運び出すことが十分可能な状態に置いたのであるから、窃盗既遂（東京高判平21・12・22東高時報60・1〜12・247）。

・自動販売機の中から、携帯・持運びの容易なコインホルダーを取り外して自己の手中に収めたのであるから、金銭在中のコインホルダーについて、自動販売機の管理者の占有を排して、これを自己の占有に移したと

みるのが相当であり、その時点において、窃盗は既遂の段階に達した（東京高判平5・2・25高刑速（平5）・34）。

・スーパーで買い物カゴに商品を入れてレジを通過せず店内サッカー台でカゴから商品を取り出してビニール袋に入れようとした時点（東京高判平4・10・28判タ823・252）。

・自動車の配線を直結してエンジンを始動させて、発進可能な状態にした時点（広島高判昭45・5・28判タ255・275）。

・穀倉内で玄米50.5kgを叺（かます）に詰めた時点（福島地判昭34・5・9下刑集1・5・1210）。

4 不法領得の意思　　＊第12章「不法領得の意思」参照

重要判例

1 死者の占有

① 最判昭41・4・8判時447・97

〔事実の概要〕

被告人は、被害者の頸部を両手をもって強く絞扼して窒息死させ、犯跡隠蔽のためAの死体を埋没して放置し、その際、Aの所有であった腕時計を窃取するなどした。

〔判　旨〕

被告人は、当初から財物を領得する意思は有していなかつたが、野外において、人を殺害した後、領得の意思を生じ、右犯行直後、その現場において、被害者が身につけていた時計を奪取したのであつて、このような場合には、被害者が生前有していた財物の所持はその死亡直後においてもなお継続して保護するのが法の目的にかなうものというべきである。そうすると、被害者からその財物の占有を離脱させた自己の行為を利用して右財物を奪取した一連の被告人の行為は、これを全体的に考察して、他人の財物に対する所持を侵害したものというべきであるから、右奪取行為は、占有離脱物横領ではなく、窃盗罪を構成するものと解するのが相当である。

② 東京高判平25・6・6高刑速（平25）・69

〔事実の概要〕

　被告人は、路上に停車中の普通乗用自動車内において、助手席に座っていた被害者に対し、その背後から包丁で左胸部を突き刺し、その場で同人を殺害し、その後、助手席の被害者の遺体上に上着をかぶせて外から見えないようにした上、同車両を発進させ、約20km離れた駐車場に同車両を駐車させ、被害者の遺体の上にレジャーシートをかぶせて外から見えないようにし、同車両を降りて付近で野宿をしつつ、時々、同車両に戻って遺体の様子を確認したり、同車両の駐車位置を変えるなどしたが、上記殺害の3日後頃、同車両内において、被害者が使用していた手提げバッグを開けたところ、在中していたポシェットの中に現金約18万円が入っているのを見つけたため、生活費等欲しさにこれを取得した。

〔判　旨〕

　被告人は、死亡した被害者を乗せたまま車両を発進走行させ、同車両を駐車場に駐車した後、同車両から離れたことはあったものの、同車両を自己の支配下に置き続け、しかも、本件現金は、被害者の死亡から被告人がこれを取得するまでの間、同車両の移動や時間の経過によっても、被害者による生前の管理状態が何ら変わることなく保たれていたものであり、被告人が本件現金を取得した当時、被害者死亡から約3日経過していたとしても、被害者が生前有していた本件現金に対する占有はなお継続して保護するのが相当である。

❷ 意思に反する占有移転

　東京高判平18・10・10東高時報57・1～12・53

〔事実の概要〕

　被告人は、振り込め詐欺の犯人らないしその関係者から、預金口座の名義人になりすまして預金を引き出す者、いわゆる出し子役を探すよう依頼され、Cを介して紹介されたDをその出し子役にし、被告人らにおいて、前記の者らから交付を受けたA名義の前記預金口座のキャッシュカード等をDに交付し、DをしてATMから振り込め詐欺の被害者が振り込んだ現金200万円を払い出させた。

〔判　旨〕

　「本件払出しが窃盗罪に当たるか否かは、ひとえに金員の占有者である銀行の意思に反するか否かにかかるものである。」銀行の規定上、普通預金、預金契約上の地位その他この取引に係る一切の権利及び通帳並びに普通預金に係るキャッシュカードは、他人に貸与、占有、又は使用させることはできないことが認められる。その上、近年いわゆる振り込め詐欺等を撲滅するための一手段として、金融機関等による顧客等の本人確認等及び預金口座等の不正な利用の防止に関する法律16条の2により、他人になりすまして金融機関等との間における預貯金契約に係る役務の提供を受け、又はこれを第三者にさせる目的（以下「なりすまし目的」という。）を相手方が有することを知りつつ、預貯金通帳や預貯金の引出用カード（以下「通帳・カード」という。）等を交付する行為、なりすまし目的を有して、通帳・カード等の交付を受ける行為をした者は、処罰されることとなった。「以上のような事情に照らすと、そのような行為をした者からの当該預金に係る払出しは、当然のこととして金員の占有者である銀行の意思に反するものであるというべきである。これは、振り込め詐欺等の場合において、受取人である口座名義人と振込先の銀行との間には振込金額相当の普通預金契約が成立し、口座名義人は、銀行に対し、前記金額相当の普通預金債権を取得するなどと解し得るか否かとは別個の問題である。

判断基準と考え方

1 概　　観

　窃盗罪は、「他人の」「財物」を「窃取した」ときに成立する。「他人の」とは犯人以外の者が占有するという意味であり、「占有」とは財物に対する事実上の支配をいう。財産的価値のある有体物であれば、財物にあたる。みなし規定のある電気以外にも非有体物が財物に含まれるかについては争いがある。「窃取」は財物に対する他人の占有（事実的支配）の解除と自己の支配下への取得をいう。

❷ 占　有

　他人の占有は、被害者が対象物を直接握持していなくても、①限定された支配空間内にある場合（場所的近接性）、閉鎖空間になくても、②直接的握持、場所的近接の回復可能性があり、被害者の手許を離れた時間が短く、距離がはなれておらず、所在が記憶ないし認識されている場合、③空間的懸隔があっても所在が特定的に認識されている場合には認められる。また、対象物の所在する④空間全体の管理者の占有がある場合、⑤直接的な支配（握持）が弛緩しており、被告人が直接的握持を確保していても、他人の占有が認められる。

❸ 占有の主体

（1）死者の占有

　　　すでに死亡した人にも占有が認められる場合がある。つまり、人を殺した直後、殺害者が被害者の財物を奪取する意思を生じて奪取する場合には遺失物等横領罪（254条）ではなく窃盗罪が成立するとされる。当初から財物を奪う意思で殺害した場合は、強盗殺人（240条〈死刑または無期懲役〉）となるのに、殺害してから奪取意思を生じた場合は、客観的に生じた法益侵害も、意思内容自体も変わらないのに、窃盗ですらないというのはバランスを欠く（遺失物等横領罪254条だと１年以下の、窃盗なら10年以下の懲役）という理由に基づくものと考えられる。

　　　殺害後どの程度の時間が経過するまで、死者にも占有が認められるかについては、必ずしも明確な限界線が引かれているわけではない。殺害３時間後および86時間後の奪取について（東京高判昭39・6・8高刑集17・5・446）、また殺害直後、16時間後および49時間後の奪取について（福岡高判昭43・6・14下刑集10・6・592）窃盗罪を認めたものがある一方で、同一現場からの５日後、10日後の盗取については遺失物等横領罪しか認めなかったもの（新潟地判昭60・7・2判時1160・167）がある。殺害の１時間後の奪取については窃盗罪を肯定しながら、さらにその９時間後の奪取については否定したもの（東京地判昭37・12・3判時323・33）もある。また、殺害の４日後、殺害現場ではない被害者の居室から財物を奪取した場合にも窃盗罪を認めた例（東京地判平10・6・5判タ1008・277）

もある。時間的・場所的な限定は一定しない。

（2） 複数の占有主体が想定できる場合

　　被告人が財物を他の者と共同で支配、管理している（共同占有）場合、被告人が財物を握持しているが、より上位の管理者の占有を補助する者であるに過ぎない場合には、他の占有者の支配を排除すると窃盗罪が成立する。委託された包装・封緘物のように、内容物については委託者の支配が及んでいると考えられる場合、受託者である被告人が中身を抜き出すような場合には横領罪ではなく窃盗罪が成立する。

4 有体性と財産性

　民法85条は、「物とは、有体物をいう」と規定している。刑法上の「財物」概念もこれにならって理解され、財産的価値のある有体物であれば「財物」であるという点については学説・判例ともに一致をみている。

　しかし、一方で刑法典は、その245条で「この章（第36章　窃盗及び強盗の罪）の罪については、電気は、財物とみなす。」として、有体性のない財物の余地を認める。この規定は、電気についてのみ例外を認める趣旨なのか一般原則の宣言なのか、すなわち有体性は財物の必要条件か否か、という問題を生じるが、具体的に、電気以外の非有体物について窃盗罪を認めた判例は、245条の導入以降には存在しないので、少なくとも事実上、有体物に限られているとみてよい。

　財産性に関しては経済的価値を有する物である必要はないという原則が宣言されているが、対象物の価値が著しく低くゴミに等しいような場合には財物性は否定されている。

5 窃　　取

　窃取とは財物の占有者の意思に反して、財物を自己または第三者の支配内に移転することをいう。ATM等の機械の正常な動作が介在していても、占有者の意思に反すると認められる場合がある。窃取の開始＝実行の着手をもって、窃盗未遂罪が成立するが、窃取の開始は、一般に物色行為の時点で認められる。窃盗未遂にとどまらず既遂が成立する時期は、被告人が財物の支配を取得

した時点であるが、対象物が小さい場合は、対象物を直接手にした時点、あるいは隠匿して元の占有者に所在が分からないようにした時点であり、対象物が大きい場合は、元の位置から運び出せる状態にした時点となる。

Ⅱ 不動産侵奪罪

概　要

（不動産侵奪）
第235条の2　他人の不動産を侵奪した者は、10年以下の懲役に処する。

〈要　件〉
1　他人の不動産　　他人の　他人が占有する
　　　　　　　　　　不動産　土地及びその定着物（民法86条1項）
2　侵奪　　　　　　他人の占有の排除
　　　　　　　　　　占有取得
3　不法領得の意思
4　故意

⇒未遂の処罰（243条）

定義と具体的適用例

■1 他 人 の

他人の占有下にあること。本権に基づくことを要しない。

不動産侵奪罪は不動産の「事実上の所持を独立の法益として保護しようとするものであって、その所持者が法律上正当にこれを所持する権限をもつか否かを問わない。」（最決昭41・9・7　LEX/DB25350419）。

【成立肯定例】

・執行官が仮処分決定に基づき保管中の建物の1室は不動産侵奪罪の対象となる（東京高判昭46・9・9高刑集24・3・537）。
・所有者である法人が、その代表者が行方をくらまして事実上廃業状態と

なり、本件土地を現実に支配管理することが困難な状態になっていて
も、所有者は「本件土地に対する占有を喪失していたとはいえ」ない
（最決平11・12・9刑集53・9・1117）。

【成立否定例】

・営業所とする目的で賃貸借契約を結んだ土地に居宅を建築しても「賃貸
借契約に基づき他人の土地につき適法な占有を取得した者については、
その占有を失わない限り、民事上債務不履行の問題は起こりえても、不
動産侵奪罪に問われることはなく、これは、たとえ賃貸借の期間が終了
し、その終了後賃借地を引き続き占有する場合でも、賃借人において占
有を失わない限り新たな占有の取得ということは生じないから、同様で
ある」（東京高判昭53・3・29高刑集31・1・48）。

② 不 動 産

土地及びその定着物（民法86条1項）

・ため池の底地も不動産にあたる（高松地判昭46・8・17刑月3・8・1115）。
・建物内の一室、床下、天井裏等、不動産の一部を侵奪しても本罪が成立
する（福岡高判昭37・8・22高刑集15・5・405、東京高判昭46・9・9高刑集
24・3・537）。

③ 侵 奪

**不法領得の意思をもって、不動産に対する他人の占有を排除し、これを自己
又は第三者の占有に移すこと**

「そして、当該行為が侵奪行為に当たるかどうかは、具体的事案に応じて、
不動産の種類、占有侵害の方法、態様、占有期間の長短、原状回復の難易、占
有排除及び占有設定の意思の強弱、相手方に与えた損害の有無などを総合的に
判断し、社会通念に従って決定すべきものである。」（最判平12・12・15刑集54・
9・923）

　＊占有自体は平穏に開始されていても、問題となる土地上に容易に撤去できない
　　永続的な建造物を建てる等して原状回復を困難にする行為があったときは侵奪

が認められる。

【侵奪肯定例】

・土地上に大量の廃棄物を堆積させ、容易に原状回復をすることができないようにして土地の利用価値を喪失させる行為（最決平11・12・9刑集53・9・1117）。

・隣接した他人所有地の一部を取り込んで宅地造成する行為（福岡高判昭62・12・8高刑速（昭62）・167）。

・被告人が居住占有している家屋の2階部分を無断で隣接地上に突出して増築する行為（大阪地判昭43・11・15判タ235・280）。

・無断転借した土地上に既存の、鉄パイプを骨組みにしトタン波板、塩ビ波板を屋根としビニールシートを壁面とする仮設店舗に対して、化粧ベニヤの壁面、ブロックにコンクリートパネルを張った床面を構築し、内部を個室に仕切ったうえ、シャワーや便器等を設置するなどの改造する行為は、「解体・撤去の困難さも格段に増加したというのであるから」所有者の「占有を新たに排除したものというべきである」（最判平12・12・15刑集54・9・1049）。

・容易に倒壊しない骨組みを有する簡易建物を約110.75m^{2}の土地の中心部に建築面積約64.3m^{2}を占めて構築する行為は、土地の有効利用を阻害し、その回復も困難にするものであって侵奪にあたる（最判平12・12・15刑集54・9・923）。

・公有水面である国有溜池の堤防沿いの部分に土砂を投棄して埋立工事を行い、宅地を造成する行為は不動産侵奪罪にあたる（上掲高松地判昭46・8・17）。

【否定例】

・土地のコンクリート部分や土部分の上に土台として角材を置いただけで基礎工事をまったく行っていないために土地の定着物としての性質が弱く、基本的に廃材を釘打ちで接合しただけで屋根や壁に相当する部分にビニールシートを使用するなど本格建築には程遠い簡易建物を建築する

行為は、不動産侵奪罪にいう「侵奪」にあたらない（東京高判平12・2・18判時1704・174　上記最判平12・12・15の原審）。

・将来買い受ける予定の他人所有の空き地に買い受けまでの一時利用のため、収去の容易な排水口を設置する行為は、原状回復が容易であって、不動産侵奪罪にあたらない（大阪高判昭40・12・17高刑集18・7・877）。

・使用貸借期限修了後も事実上居住を続けていた家屋に小規模増築は、占有の状態を変更したにすぎず、「占有を新たに奪取したとはいえない」（大阪高判昭41・8・9高刑集19・5・535）。

＊占有開始が先行する場合、「占有の態様が質的に変化を遂げた」（大阪地判平11・11・15刑集54・9・1076）こと、「一時使用の形態から侵奪へと質的に変化を遂げた」ことを要する（最決昭42・11・2刑集21・9・1179〈板塀からコンクリブロック塀築造〉）。

④ 侵奪の開始時期（実行の着手時期）

土地・建物に対する事実的な働きかけを開始した時点。

⑤ 既遂時期

擁壁の築造、柵、囲い設置、土砂の盛り上げ等、一定の時間的継続（福岡高判昭62・12・8判時1265・157）をもって侵奪の対象となる「土地の範囲を容易に看取することができるような外観を作り出す行為」（鳥取地米子支判昭55・3・25判時1005・181）が行われた時点。

判断基準と考え方

① 概　要

主として土地の不法占拠を処罰するために昭和35（1960）年に新設された処罰規定である。保護法益は不動産の占有。242条（他人の占有等に係る自己の財物）、244条（親族間の犯罪に関する特例）、245条（電気）の適用を受ける。未遂犯を罰する（243条）。

❷ 客体「他人の不動産」

（1）不 動 産

「不動産」とは、土地およびその定着物（民法86条1項）をいい、主として土地、建物である。一筆の土地、1棟の建物全部である必要はない。侵奪されるのは、むしろそれらの一部であることが多い。

（2）他 人 の

「他人の」とは窃盗罪の場合と同じく他人の占有にかかるものであること、つまり他人の事実的支配に服するものであることを意味するとされるが、これは本権に基づくことを要しないというだけの意味であって、例えば、山奥や遠隔地の土地に所有者が直接的、物理的な支配を及ぼすことは不可能である場合もあるから、本罪においては、登記名義ないし占有意思（曽根121頁、中森103頁、山口206頁）といった観念的な支配しかない場合でも占有が認められるとされる。所有者行方不明の場合ですら占有が認められている。

❸ 行為「侵奪」

不動産の占有が観念的なもので足りるとすると、その完全な排除は不可能であり、侵奪の定義は、他人が観念的に占有する不動産上に自己または第三者の事実的支配を重ねて設定して所有者の事実的支配の可能性を排除すること、とするのが正確である。

❹ 主観的要件

故意は、事実上、自らの利用にかかる不動産が自分以外の者の所有に帰するものであることの認識で足りることになる。不法領得の意思を要する（福岡高判昭44・3・18高刑集22・1・46、東京高判昭50・8・7高刑集28・3・282頁）。

不法領得の意思の要素の一つである権利者排除意思は、占有移転の故意に吸収されてしまい、独立の機能を有しない。客観的に、原状回復困難な形態で、すなわち一時的ではない形で所有者の占有を排除しなければ侵奪とはいえず、かつその点についての故意も必要だからである。利用処分意思は、建物の場合

には建造物損壊罪との、土地の場合は器物損壊罪との限界をなす。

5 罪数、他罪との関係

罪数の基準は、不動産の所有者の数である。

境界毀損罪（262条の2）とは同時的に犯されることがある。境界を毀損することによって侵奪が行われることになろうから、多くの場合、牽連犯となる。建造物の侵奪の場合、建造物侵入罪との観念的競合、牽連犯となることが多いと考えられる。

第3章 強盗罪

I 強盗罪

概　要

（強盗）
第236条1項 暴行又は脅迫を用いて他人の財物を強取した者は、強盗の罪とし、5年以上の有期懲役に処する。
2項 前項の方法により、財産上不法の利益を得、又は他人にこれを得させた者も、同項と同様とする。

〈要　件〉
1　他人の財物　　　　他人の　他人の占有する
　　　　　　　　　　財物　　財産的価値のある有体物
　　　　　　　　　＊電気：財物とみなす（245条）
2　財産上不法の利益　不法　　利益を取得する手段が不法であることを意味する。
　　　　　　　　　　財産上の利益　財物以外の財産の全て
　　　　　　　　　　　　　　　　　　例）民法上の債権
3　暴行・脅迫　　暴行　不法な有形力の行使（最狭義の暴行）
　　　　　　　　脅迫　生命・身体等に対する害悪の告知（最狭義の脅迫）
　　　　　　　　　＊被害者の反抗を抑圧するに足りる程度のもの
4　強取　　　　　　　暴行・脅迫による反抗抑圧に基づいた財物・財産上の利益の奪取
5　不法領得の意思
6　故意　強取にあたる事実の認識

⇒未遂の処罰（243条）
⇒予備の処罰（237条）

定義と具体的適用例

1 **他人の財物**：1項強盗罪（強盗取財罪）の客体　　＊第2章窃盗罪を参照

2 **財産上の利益＝財物以外の財産のすべて**

有体性をもたない無形の財産：2項強盗罪（強盗利得罪）の客体

（1）被害者側における処分行為の要否

（a）必要とする判例

- ・債権者殺害（未遂）（大判明43・6・17刑録16・1210）。
- ・タクシー強盗　不作為の処分行為を認めるも、「被害者ノ意思表示スル ヲ要スルモノニ非ス」として実質的には否定説（大判昭6・5・8刑集 10・205）。

（b）不要とする判例（判例変更）

- ・債権者殺害（未遂）「1項の罪におけると同じく相手方の反抗を抑圧す べき暴行、脅迫の手段を用いて財産上不法利得するをもって足り、必ず しも相手方の意思による処分行為を強制することを要するものではな い。」（最判昭32・9・13刑集11・9・2263）：1項強盗罪との均衡性

（2）財産上の利益の取得に関する肯定例と否定例

（a）債権者の殺害

- ・借金の証書がなく、被害者が死亡すれば犯人以外にはその詳細を知る者 がいなかった事案（最判昭32・9・13刑集11・9・2263：**肯定**〈殺人の点は未 遂〉）
- ・被害者から債務の返済を激しく迫られていた事情があったため、殺害に よって債権者の督促を免れたこと自体が財産上の利益に当たるとされた 事案（大阪高判昭59・11・28高刑37・3・438：**肯定**）。

(b) 被相続人の殺害

・財産上の利益は、財物の場合と同様、犯行を抑圧されていない状態で被害者が任意に処分できるものであることを要するとして、相続の開始による財産の承継は、人の死亡を唯一の原因として発生するものであるから、そこに任意の処分の観念をいれる余地はないので、236条2項が予定する財産上の利益は認められないとした。理由づけについては、批判がなされている（東京高判平1・2・27高刑42・1・87：**否定**〈殺人の点は未遂〉）。

(c) 「経営上の権益」の取得

・風俗店グループの経営者を殺害し、その地位を引き継いで経営上の権益を取得しようとした被告人に対し、そのような経営上の権益は、被害者の死亡により、被告人の同グループ内での地位が相対的に上がったことにより事実上得られた利益にすぎず、被害者を殺害することそれ自体によって、同利益が行為者に移転するという関係を想定することは困難であるとして財産上の利益には当たらないとした（神戸地判平17・4・26判時1904・152：**否定**）。

(d) キャッシュカードの暗証番号の取得

・キャッシュカードの占有をいつでも取得できる状態下で、同キャッシュカードの暗証番号を脅迫によって聞き出した行為につき、キャッシュカードと暗証番号を併せ持つことはそれ自体財産上の利益と見るのが相当であるとされた（東京高判平21・11・16東高刑事報60・1〜12・185：**肯定**）。

・キャッシュカードの窃取後、暴行・脅迫を加えて暗証番号を聞き出そうとして被害者を殺害した事案につき、2項強盗罪の未遂（強盗殺人罪の既遂）が認められた（神戸地判平19・8・28公刊物未搭載〈研修724・111〉**肯定**）。

(e) 不動産の取得

・不動産は、可動性を欠くため1項の「財物」には含まれないが、**不動産**

に対する利益は2項の「財産上の利益」に当たるため、暴行・脅迫による不動産登記名義の取得や不動産の事実上の占有の取得は、2項強盗罪となる（通説）。

③ 暴行・脅迫

（1）暴　行＝被害者の反抗を抑圧するに足りる不法な有形力の行使：最狭義の暴行（殺害行為もこれに含まれる）。

⇒ただし、必ずしも人の身体に直接加えられることは必要ではない：間接暴行でもよい。このような物に対する間接暴行を、暴行を示すことによる「脅迫」と捉えれば、本罪の暴行はあくまでも身体に直接加えられることを要すると解釈することも可能。

（2）脅　迫＝被害者の反抗を抑圧するに足りる害悪の告知：最狭義の脅迫

⇒ただし、反抗を抑圧するに足りるといえるためには、脅迫罪（222条）におけるよりも加害の対象を限定的に解し、生命・身体に対する差し迫った加害の告知であることを要するとするのが通例。

（3）暴行・脅迫の相手方

⇒財物・財産上の利益の所有者（占有者）である必要はなく、強盗の目的を遂行するのに障害となる者であれば足りる。

・「およそ強盗罪の成立には目的を遂行するに障碍となる者に対してその反抗を抑圧するに足る暴行を加へるといふことで十分」（最判昭22・11・26刑集1・28）。

・有力説：占有補助者・財物の保持に協力すべき立場にある者に限定する。

（4）反抗を抑圧するに足りる程度の基準

・強盗罪の成否は「その暴行又は脅迫が、社会通念上一般に被害者の反抗を抑圧するに足る程度のものであるかどうかと言う客観的基準によって決せられるのであって、具体的事案の被害者の主観を基準としてその被

害者の反抗を抑圧する程度であったかどうか」は関係がない（最判昭
24・2・8刑集3・2・75）。

⇒**客観的基準**：行為当時における犯人および被害者の性別、年齢、犯行の
状況、凶器の有無といった具体的事情を考慮して、そのような状況に置
かれた一般人にとって反抗が不可能もしくは著しく困難であるかどうか
について一般人を基準にして判断される。

(a)　具体的な被害者が実際には反抗を抑圧されなかった場合

・**判例：強盗既遂の成立を認める**（最判昭24・2・8刑集3・2・75）。

・多数説：強盗未遂であるとする（同時に恐喝既遂が成立していたとして
も、観念的競合として強盗未遂で処断される）。

(b)　客観的には不十分な程度だったにもかかわらず、被害者が特に臆病で
あったため反抗を抑圧されてしまった場合

・多数説：被害者が特に臆病であることを知ってそのような手段を用い
た限りで強盗既遂を認める。

・有力説：客観的に手段が恐喝の程度にとどまるため、恐喝既遂である
とする。

④ 強取＝暴行・脅迫⇒反抗抑圧⇒財物・財産上の利益の奪取

（1）強取の形態

(a)　行為者が自ら奪取する場合

(b)　反抗を抑圧された被害者が交付する場合

・殺すぞ、火をつけるぞと脅迫して金員を屋外に投げ出させた場合（東京
高判昭42・6・20判タ214・249：**肯定**）。

(c)　反抗を抑圧された被害者が奪取に気づかない場合（最判昭23・12・24刑集
2・14・1883：**肯定**）

(d)　被害者逃走後の奪取

・被害者の占有を肯定（名古屋高判昭32・3・4裁特4・6・116：**肯定**）

・強盗未遂と窃盗既遂の観念的競合（名古屋高判昭30・5・4裁特2・11・
501：**否定**）

(e) ひったくり行為

「暴行→財物の奪取」となるため**原則的には強盗は否定**。暴行により反抗が抑圧され、その結果として財物が奪取されたと評価できる場合には肯定。

・被害者が自転車のハンドルとともに持っていたハンドバッグを無理に引張って奪い取ろうとした事案（東京高判昭38・6・28高刑16・4・377：**肯定**）。

・被害者がハンドバッグを奪われまいと離さなかったため、さげひもをつかませたまま自動車を進行させ、被害者を転倒させたり、車体に接触させたり、電柱に衝突させた事案（最決昭45・12・22刑集24・13・1882：**肯定**）。

(f) 窃盗または詐欺による財物の取得後に暴行・脅迫を用いる場合：2項強盗の成立を認める（最決昭61・11・18刑集40・7・523）。

(g) 窃盗として財物を取得しようとしている段階で被害者に発見されたので、奪取を確実にするために暴行・脅迫を加える場合：居直り強盗

(h) 暴行・脅迫による反抗抑圧後に財物奪取意思が生じた場合

・強姦目的の暴行・脅迫⇒「相手方ノ畏怖状態ヲ利用シテ」：新たな暴行・脅迫は不要（大判昭19・11・24刑集23・252：**肯定**、最判昭24・12・24刑集3・12・2114：**肯定**）

・強制わいせつ目的による暴行・脅迫⇒緊縛状態が実質的に暴行・脅迫の継続と評価された（東京高判平20・3・19高刑61・1・1：**肯定**）。

・**通説：反抗抑圧後に新たな暴行・脅迫が必要**。ただし、被害者の反抗抑圧状態を維持する程度の暴行・脅迫の程度で十分（大阪高判平1・3・3判タ712・248）。

5 不法領得の意思　＊第12章「不法領得の意思」参照

重要判例

東京高判平21・11・6東高刑時報60・1～12・185

〔事実の概要〕

　被告人甲は、深夜金品窃取の目的で被害者A女宅に侵入し、A女が寝ていることを確認し、その隣室にあったバッグの中に、現金6000円程度と数枚のキャッシュカードが入った財布があるのを発見した。そこで、A女を包丁で脅して暗証番号を聞き出し、キャッシュカードで現金を引き出そうと決意し、帰る際に持っていけばいいと考えて同財布を隣室のバッグに戻してから、包丁をA女に突き付けて脅迫したところ、A女はやむなく預金口座の暗証番号を教えた。しかし、預金口座の残高が数百円しかなかったため、甲がATMから現金を引き出すことはできなかった。原審は、甲がA女から暗証番号を聞き出したとしても、財物の取得と同視できる程度に具体的かつ現実的な財産的利益を得たとは認められないとし、236条2項の「財産上不法の利益」は「移転性」のある利益に限られ、甲が暗証番号を聞き出したとしても、キャッシュカードの暗証番号に関する情報が甲とA女の間で共有されるだけで、A女の利益が失われるわけではなく、甲が「財産上不法の利益を得た」とはいえないとして、強盗罪の成立を否定し、強要罪しか成立しないとした。これに対し、検察官が控訴した。

〔判　旨〕破棄自判（上告、上告棄却）

　「キャッシュカードを窃取した犯人が、被害者に暴行、脅迫を加え、その犯行を抑圧して、被害者から当該口座の暗証番号を聞き出した場合、犯人は、現金自動支払機（ATM）の操作により、キャッシュカードと暗証番号による機械的な本人確認手続を経るだけで、迅速かつ確実に、被害者の預貯金口座から預貯金の払戻しを受けることができるようになる。このようにキャッシュカードとその暗証番号を併せ持つ者は、あたかも正当な預貯金債権者のごとく、事実上当該預貯金を支配しているといっても過言ではなく、キャッシュカードとその暗証番号を併せ持つことは、それ自体財産上の利益とみるのが相当であ」る。被告人は、キャッシュカードについて占有をすでに確立していたとはいえないが、同カードをいつでも容易に取得できる状態にして暗証番号を聞き出そうとしていたのであるから、暗証番号を聞き出すことの意味は「既にキャッシュカードの占有を確立していた場合と何ら異ならない」。「2項強盗の罪が成立するためには、財産上の利益が被害者から行為者にそのまま直接移転するこ

とは必ずしも必要ではなく、行為者が利益を得る反面において、被害者が財産的な不利益（損害）を被るという関係があれば足りる」。

判断基準と考え方

1 総　説

強盗罪は、暴行または脅迫により、被害者の意思に反して、その財物あるいは財産上の利益を奪う犯罪である。条文上、236条1項の強盗取財罪（1項強盗罪）と同条2項の強盗利得罪（2項強盗罪）に分かれる。

2 1項強盗罪

1項強盗罪は、他人の財物を客体とする。1項強盗罪の行為は、暴行または脅迫により、相手方の反抗を抑圧し、その意思に反して他人の財物を自己または第三者の占有に移すことである。この行為は条文上「強取」と呼ばれる。強取は、「暴行・脅迫」→「反抗の抑圧」→「財物の取得」という3つの要素からなる。強盗罪の手段たる暴行または脅迫は、被害者の反抗を抑圧するのに十分な強度のものでなければならず、この点で、そこまでの程度を要求しない恐喝罪と区別される。

被害者の反抗を抑圧するのに十分なものであるのかどうかの判断は、一般人の立場を基準に客観的になされるものである。客観的には反抗を抑圧するのに十分な程度の暴行・脅迫であったが、実際上の被害者が反抗を抑圧されるまでには至らずに財物をしぶしぶ交付した場合、判例は強盗の既遂とするが、学説の多くはやはり反抗抑圧が欠けることから、強盗未遂であるとする。逆に、客観的には反抗抑圧に不十分な暴行・脅迫であったのに、被害者が特に臆病であったため反抗を抑圧されてしまった場合については、学説の多くは、被害者が臆病であることを行為者が認識していた限りにおいて、強盗であるとする。

3 ひったくり

いわゆる「ひったくり」行為も暴行を手段としているが、学説の多数はあくまでも窃盗罪にしかならないとする。何故ならば、その際の暴行は、すきをつ

いて財物を奪取するためのものであり、反抗抑圧状態を創出するためのものではないからである。しかし、ひったくろうとしたところ、被害者が財物を離さないため、なおも暴行を継続した場合などでは、それが被害者の反抗を抑圧するに足りる程度に達すれば強盗になる。

４ 暴行・脅迫と財物奪取意思

強盗罪は故意犯であるので、暴行または脅迫の段階で財物奪取の意思がなければならない。ここで、暴行または脅迫を行った後に初めて、財物奪取の意思が生じた場合が問題となる。通説・判例は、財物奪取の意思が生じた後に改めて暴行または脅迫が必要であると解している。なお財物奪取の後に暴行または脅迫を行った場合も問題になる。ただし、最初から強盗の故意がある限り、財物奪取後に被害者に暴行または脅迫を加えて反抗を抑圧した場合は、財物の占有の完全な取得と暴行・脅迫との間に因果関係が認められる限り、強盗罪にあたる。また、窃盗犯人が、財物の占有をまさに取得しようとする段階、または半ば取得した段階で被害者に発見されたところ、居直って財物奪取のために暴行・脅迫を加えた場合は、この暴行または脅迫の段階から強盗罪の実行の着手となり、結果的に強盗罪が成立する。このような場合を「居直り強盗」と呼ぶ。

５ ２項強盗罪

２項強盗罪は、財産上の利益を客体とする。例えば、債権者に暴行・脅迫を加えて支払いの請求を不可能にして債務を免れる行為が本罪の典型例である。不動産に対する占有も財産上の利益になるから、暴行・脅迫を手段として不動産を侵奪した場合も本罪にあたる。このように、２項強盗罪は客体の点で１項強盗罪と異なるにすぎず、１項強盗罪と同様に、暴行・脅迫によって被害者の反抗が抑圧され、その結果、犯人が財産上の利益を取得するという因果の流れが存在していなければならない。

ここで、財産上の利益の取得が、債務免除や支払猶予の意思表示といった被害者の財産的処分行為に基づくものでなければならないのかが問題となる。この点について、現在の通説・判例は処分行為を不要としている。しかし、有体

物である財物と異なり、財産上の利益の移転を明確に確定することは困難である。そこで、学説上は、暴行または脅迫により１項強盗罪における財物の移転と同視できるだけの財産上の利益の移転に関する具体性・確実性が必要であるとする見解、更には暴行または脅迫により直接的に財産上の利益が移転することを要するとの見解が主張されている。

Ⅱ　事後強盗罪

概　　要

（事後強盗）
第238条　窃盗が、財物を得てこれを取り返されることを防ぎ、逮捕を免れ、又は罪跡を隠滅するために、暴行又は脅迫をしたときは、強盗として論ずる。

〈要　件〉
1　窃盗　主体：窃盗既遂犯と窃盗未遂犯
2　３つの目的　①財物を得てこれを取り返されることを防ぐ目的、②逮捕を免れる目的、③罪跡を隠滅する目的
　　　　　　　＊目的犯：①の目的についてのみ財物を取得していることが条件
3　暴行・脅迫　被害者の反抗を抑圧するに足りる程度のもの
4　窃盗の機会　（の継続中）

⇒未遂の処罰（243条）
⇒予備の処罰（237条）

定義と具体的適用例

■1 窃　　盗

本罪の主体は窃盗犯を意味し、窃盗既遂犯と窃盗未遂犯の両方を含む。

①の目的のときのみ既遂犯、②・③の目的のときは未遂犯でもかまわない。

（1）主体の意義

(a)　身分犯とする見解（多数説）

・真正身分犯とする（大阪高判昭62・7・17判時1253・141）。

・不真正身分犯とする（東京地判昭60・3・19判時1172・155）。

(b) 結合犯とする見解（有力説）：「窃盗」とは実行行為を意味すると理解する。

（2）未遂処罰との関係

本罪が既遂になるか未遂になるかは、先行する窃盗が既遂か未遂かによって決まる（判例：最判昭24・7・9刑集3・8・1188・通説）

❷ 3つの目的

3つの内のいずれかの目的のために暴行・脅迫を行わなければならない。

⇒目的犯：これらの目的が達成される必要はない。

（1）財物を得てこれを取り返されることを防ぐ目的

他者の財物を事実上自己の占有下に置いた状態で取り返しを阻止する目的：

⇒財物をまだ自己の占有下に置いたとはいえない居直り強盗とは区別される。

・被害者が実際に取り返しの意図を有していたか否か、そのための行動をとったか否かは関係がないとされる（最判昭22・11・29刑集1・40）。

（2）逮捕を免れる目的

窃盗既遂犯または未遂犯が、被害者あるいは警察官等から取り押さえられて身柄を拘束されるのを免れる目的：

⇒窃盗の被害者が自ら逮捕しようとする必要はない。暴行・脅迫の相手方が実際に逮捕する目的を有していたか否かは関係がない（前掲・最判昭22・11・29）。

（3）罪跡を隠滅する目的

後日窃盗犯として検挙され、処罰されることになると認められる罪跡を隠滅する目的：

⇒窃盗の目撃者を殺害した事案（大判大15・2・23刑集5・46）。

❸ 暴行・脅迫

相手方の反抗を抑圧するに足りる程度のものでなければならない。

（1）具体例

- ・相手方の殺害（大判大15・2・23刑集5・46：**肯定**）
- ・相手方への菜切包丁の投げつけ（大判昭7・6・9刑集11・778：**肯定**）
- ・刃物での切りつけ（大判昭8・6・5刑集12・648：**肯定**）
- ・刃物を振り回して相手方を負傷させる（最決昭33・10・31刑集12・14・3421：**肯定**）
- ・抱きかかえるように逮捕しようとした被害者に対し、前かがみになって右肩をひねって路上に横転させた行為は防御的なものにすぎないとした（東京高判昭61・4・17高刑39・1・30：**否定**）
- ・被害者に襟元付近をつかんで押し返すなどの暴行を加えたが、周囲に人だかりができ、被害者も過去6回万引き犯を逮捕した経験のある空手の修行を積んだ者であった事案（福岡地判昭62・2・9判時1233・157：**否定**）。
- ・両手がふさがった状態でサンダル履きの足で被害者の胸の下付近を1回蹴っただけで、被害者が大柄で空手を学んだ経験があった事案（大阪高判平7・6・6判時1554・160：**否定**）

（2）暴行・脅迫の相手方

　窃盗の被害者に限定されない。本罪に規定する目的を遂げるのに障害となりうる者（例えば警察官）であればよい。

❹ 窃盗の機会（の継続中）

　⇒財物奪取と暴行・脅迫との間の密接な関連性を担保するための条件（書かれざる構成要件要素）：**窃盗行為との場所的・時間的接着性、被害者の追及可能性が基準となる。**

（1）追跡逃走型：被害者その他による追跡が継続している場合

- ・窃盗の被害者に追跡され、逮捕を免れるために同人を刃物で切りつけた事案（広島高松江支判昭25・9・27高刑特12・106：**肯定**）。
- ・追跡中の被害者からの通報により駆けつけた警察官によって逮捕されそ

うになったので暴行を加えた事案（仙台高判昭27・9・26高刑特22・175：
肯定）。

- ・窃盗現場からの電話連絡により駆けつけた被害者による取り返しを防ぐ
  ために、逃走後、30分たって1km離れた場所で暴行を加えた事案（広
  島高判昭28・5・27高刑特31・15：**肯定**）。
- ・窃盗犯人が現場を発見追呼されて逃走し、その追呼に応じて引き続き追
  跡する者に対し、逮捕を免れるため暴行を加えた事案（福岡高判昭31・
  1・21高刑9・1・15：**肯定**）。

（2）現場滞留型：犯行後、窃盗の現場に留まっている場合

- ・被害者方で指輪を窃取した後も犯行現場の真上の天井裏に潜んでいたと
  ころ、犯行の約1時間後に帰宅した被害者に窃盗の被害に遭ったこと、
  および天井裏に潜んでいることを気づかれ、犯行の約3時間後に被害者
  の通報により駆けつけた警察官に発見されたことから、逮捕を免れるた
  め、持っていたナイフで警察官を切りつけ、傷害を負わせた事案（最決
  平14・2・14刑集56・2・86：**肯定**）。

**（3）現場回帰型：窃盗の現場をいったん離れ、被害者等の追及のおよばない
  安全圏に逃れるも、再度当該の現場に戻ってきた場合**

- ・被害者宅で現金の入った財布等の窃取後、誰からも発見、追跡されるこ
  となく自転車で約1km離れた公園に行き、そこで盗んだ現金を数えた
  が、少ないと考え、最初の窃盗から30分後、再度被害者宅に盗みに入ろ
  うと引き返したが、被害者に発見され逮捕を免れるため、ナイフの刃先
  を被害者に示して脅迫した事案（最決平16・12・10刑集58・9・1047：**否定**）。
- ・被害者宅に侵入して現金の入った財布等を摂取後、誰からも追跡される
  ことなく隣接する自宅に戻ったが、在宅中の被害者に犯行を目撃された
  と考え、約10分ないし15分後、罪跡隠滅の目的で被害者宅に戻り被害者
  を殺害した事案（東京高判平17・8・16高刑58・3・38：**否定**）。

重要判例

最決平16・12・10刑集58・9・1047

〔事実の概要〕

　被告人は、金品窃取の目的で、平成15年1月27日午後0時50分頃、A方住宅に、1階居間の無施錠の掃き出し窓から侵入し、同居間で現金等の入った財布および封筒を窃取し、侵入の数分後に玄関扉の施錠を外して戸外に出て、誰からも発見、追跡されることなく、自転車で約1km離れた公園に向かった。被告人は、同公園で盗んだ現金を数えたが、3万円余りしかなかったため少ないと考え、再度A方に盗みに入ることにして自転車で引き返し、午後1時20分頃、同人方玄関の扉を開けたところ、室内に家人がいると気づき、扉を閉めて門扉外の駐車場に出たが、帰宅していた家人のBに発見され、逮捕を免れるため、ポケットからボウイナイフを取り出し、Bに刃先を示し、左右に振って近づき、Bがひるんで後退したすきを見て逃走した。

〔判　旨〕破棄差戻し

　上記事実によれば、被告人は、財布等を窃取した後、だれからも発見、追跡されることなく、いったん犯行現場を離れ、ある程度の時間を過ごしており、この間に、被告人が被害者等から容易に発見されて、財物を取り返され、あるいは逮捕され得る状況はなくなったものというべきである。そうすると、被告人が、その後に、再度窃盗をする目的で犯行現場に戻ったとしても、その際に行われた上記脅迫が、窃盗の機会の継続中に行われたものということはできない。

判断基準と考え方

1 総　説

　事後強盗罪は、普通の強盗罪とは異なり、窃盗犯人が犯行を終了し、あるいは窃盗の意思を放棄して現場を離れる際に暴行・脅迫が行われた場合に成立する。このような場合は、実質的に強盗と同じであるという理由で、「強盗として論じられる」準強盗罪となる。これは、刑および他の罰条の適用上すべて強

盗と同じように取り扱うという趣旨である。したがって、法定刑は236条に準じることになるし、その他、240条の強盗致死傷罪、241条の強盗・強制性交等および同致死罪などの適用においても強盗と同じように取り扱われる。

2 主 体

本罪の主体は「窃盗」であるが、これは窃盗罪の実行に着手した窃盗犯人のことである。通説・判例上、窃盗犯人は財物を取得している既遂犯、またそうではない未遂犯の両方を含んでいる。何故ならば、事後強盗罪で予定される暴行または脅迫は、条文上、①「財物を得てこれを取り返されることを防ぐ目的」、②「逮捕を免れる目的」、③「罪跡を隠滅する目的」でなされなければならないが、②「逮捕を免れる目的」と③「罪跡を隠滅する目的」の場合は、財物を得ていることは必須の要件ではなく、窃盗未遂犯も主体になり得るからである。本罪の行為は、上記の３つの目的のいずれかのために暴行または脅迫を加えることである。それ故、本罪は目的犯であるが、暴行または脅迫の相手方は、必ずしも窃盗の被害者であることは必要ではなく、犯行を目撃して追跡してきた者、現行犯人として逮捕するために追跡してきた警察官なども暴行または脅迫の相手方となる。

3 暴行・脅迫と窃盗の機会

事後強盗罪における暴行または脅迫は、当然普通の強盗罪と同様に相手方の反抗を抑圧するに足りる程度のものでなければならないが、この暴行または脅迫は、窃盗の現場または窃盗の機会の継続中になされる必要がある（判例・通説）。窃盗の機会（の継続性）の基準は、窃盗行為との場所的・時間的接着性、被害者の追及可能性である。

4 未遂処罰

243条によって、事後強盗罪の未遂も処罰される。判例・通説は、事後強盗罪が既遂になるか未遂になるかは、先行する窃盗が既遂か未遂かによって決定されるとしている。先行する窃盗が既遂でも、取り返しを阻止するため暴行・脅迫を加えたところ、結局、取り返されてしまった場合に未遂になるとする有

力説もある。

5 暴行・脅迫だけに関与した者

　事後強盗罪における暴行または脅迫だけに関与した者の処理をめぐり、学説と判例では争いがある。まず事後強盗罪は真正身分犯であるとして、65条1項の適用によって処理する見解がある。次に、事後強盗罪を不真正身分犯であるとして、65条2項の適用を認める見解がある。さらに、事後強盗罪は、窃盗と暴行または脅迫の結合犯であると理解し、承継的共同正犯の問題として処理する見解がある。

6 予備の処罰

　判例は、237条の強盗予備罪における「強盗の目的」には事後強盗の目的も含むとして、事後強盗罪についても予備罪の成立を認める（最決昭54・11・19刑集33・7・710）。学説上は争いがある。

III　昏酔強盗罪

概　　要

（昏酔強盗）
第239条　人を昏酔させてその財物を盗取した者は、強盗として論ずる。

〈要　件〉
1　財物　　他人の占有する財物　有体物
2　昏酔　　意識障害を生じさせること
3　盗取　　他人の財物を自己の事実上の支配下に置くこと

⇒未遂の処罰（243条）
⇒予備の処罰（237条）

定義と具体的適用例

❶ 財　　物　＊第2章窃盗罪参照

❷ 昏　　酔

　睡眠薬、アルコール、麻酔薬、催眠術等により一時的または継続的に意識障害を生じさせ、反抗が困難な状態に陥れること。強盗致傷罪・強盗傷害罪（240条）の「傷害」には当たらない。

- ・昏酔は必ずしも意識を喪失させることを要しないとされている（東京高判昭49・5・10東高刑時報25・5・37）。
- ・強盗犯人自らが被害者を昏酔させることが必要であり、他人が昏酔させているのを傍観し、被害者が昏酔しているのに乗じてその財物を奪取しても強盗罪にはならない（名古屋高判昭29・10・28高刑7・11・1655）。
- ・姦淫と財物の奪取を企て、医師を装い、被害者に予防注射と称して麻酔薬を注射し、昏酔させて現金を奪取した場合につき、注射行為は208条の不法な有形力の行使であるとするも、誤信に基づく承諾があることから、強盗罪の暴行にはあたらないとして、本罪の成立が認められた事案がある（奈良地判昭46・2・4判時649・105）。

❸ 盗　　取

　他人の占有を侵害し、その財物を自己の事実上の支配下に置いて奪取すること。

判断基準と考え方

❶ 総　　説

　昏酔強盗罪は、人を昏酔させて財物を盗取した場合に成立する。財産上の利益は客体から除外されている。条文上、「強盗として論ずる」とされているので、事後強盗罪と同様に準強盗罪である。手段として規定されているのは「昏酔」であるが、これは薬物などによって人の意識作用に一時的または継続的な

障害を生じさせることをいう。このように意識作用が害されている状態下では、被害者の反抗は抑圧されてしまい、暴行または脅迫が用いられた場合と同視できるため、強盗と同様に扱われることになる。

❷ 昏　　酔

　昏酔の手段には制限がないが、典型例は、財物を奪取する目的で麻酔薬や睡眠薬を用いて被害者の意識作用を侵害する場合である。ただし、有形力を行使して被害者の意識作用を侵害した場合、例えば、こん棒で頭を殴って相手を朦朧とさせた場合は、端的に有形力の行使である暴行を手段としているので、普通の強盗罪が成立する。通常、人の意識作用に障害を生じさせることは傷害に当たるが、昏酔強盗罪が成立すると同時に、常に240条前段の強盗傷害罪あるいは強盗致傷罪が成立すると解するのは不適切であるため、本罪で予定されている程度の昏酔を生じさせることは、240条の傷害には当たらないと解する見解が多数説である。本罪で予定されている財物奪取の形態は「盗取」であり、「強取」ではない。

第4章 強盗致死傷罪等

Ⅰ 強盗致死傷罪

概　要

（強盗致死傷）
第240条　強盗が、人を負傷させたときは無期又は6年以上の懲役に処し、死亡させたときは死刑又は無期懲役に処する。

〈要　件〉
1　強盗　　　　　　　　　　　　　主体：強盗犯人
2　人を負傷させ、又は死亡させた　　行為・結果・因果関係
3　強盗の機会（通説・判例）
4　（最低限の）主観的要件
　　・強盗の故意
　　・不法領得の意思

⇒未遂の処罰（243条）

定義と具体的適用例

1 強　盗

・強盗＝強盗犯人　本来の強盗だけでなく準強盗（事後強盗・昏酔強盗）の既遂犯人・未遂犯人を問わない（通説・判例）。強盗予備犯人は含まない。

・身分犯（争いあり）

2 人を負傷させ、又は死亡させた

・「人」は強盗行為そのものの被害者に限らない（大判明43・2・15刑録16・236、大判昭6・7・8刑集10・319）。

- 人を負傷させた＝他人に傷害を与えること　故意に傷害を与える強盗傷人の場合と、結果的加重犯としての傷害を生じさせる強盗致傷の場合とが、含まれる（通説・判例）。
- 負傷の程度
  ⇒傷害罪にいう傷害と同一であるべき（判例、大判大4・5・24刑録21・661）。
  ⇒傷害罪にいう傷害よりも重大なもの（例えば、医師の治療を要する程度）であるべき（いくつかの裁判例）。
- 人を死亡させた＝他人を死亡させること　故意に人を殺害する強盗殺人の場合と、結果的加重犯としての人を死亡させる強盗致死の場合とが、含まれる（通説・判例）。

３ 致死傷結果の原因行為

- 死傷の結果は、強盗の手段としての暴行・脅迫から生じた場合に限らず、強盗の機会に行われた原因行為から生じたもので足りる（機会説、通説・判例）。

【強盗の機会（肯定）】

- 強盗犯人が小刀を突きつけて脅迫したところ、被害者が出刃包丁で抵抗したので、格闘中、小刀で腕に切り傷を与えた事案（大判昭6・10・29刑集10・5・11）
- 強盗犯人が侵入した家屋から逃走するにあたり、追跡してきた家人をその入り口付近において日本刀で突き刺し、死に至らしめた事案（最判昭24・5・28刑集2・6・873）
- タクシーの運転手にけん銃を突きつけて金を要求した犯人が、その場から6km離れた交番まで走らせた際に、逃走するため被害者の頭部を殴打して負傷させた事案（最決昭34・5・22刑集13・5・801）
- 女性の後をつけ、折りたたみ式ナイフを突きつけるなどして、女性の自宅に押し入ろうとした犯人が、女性に拒絶されたため、ショルダーバッグを強取して逃走したうえ、逮捕を免れるため、追跡してきた男性を折りたたみ式ナイフで突き刺して殺害した事案（広島高判平15・2・4裁判所ウェブサイト）

【強盗の機会（否定）】

・強盗殺人の後、顔を見られた被害者の殺害を共謀して約 5 時間後に殺害した事案（最判昭23・3・9）⇒新たな決意に基づく別個のもの。

・岡山県で強盗を実行した後、翌日、神戸で巡査に発見され傷害を加えた事案（最判昭32・7・18刑集11・7・1861）⇒「時期、場所、態様から」、強盗とは別個の機会になされたもの

・一家 4 名のうち 3 名の強盗殺人行為終了後約 5 時間経過し、強盗殺人の現場である被害者方に戻って、残された幼児を殺害した事案（千葉地判平 6・8・8 判タ858・107）⇒「新たな決意に基づいて別の機会に」なされたもの

・死傷の結果は、強盗の機会に行われた暴行・脅迫から生じればよいので、暴行のみではなく、脅迫の結果的加重犯の場合も含むと解すべきである（通説）。

【脅迫による致傷？】

・強盗犯人が、短刀で被害者を脅迫中、たまたま被害者がその短刀を握ったため傷害が生じた事案について、強盗傷人罪は、強盗罪と傷害罪との結合犯であり、被告人が所携の短刀を以て、強盗の手段たる脅迫行為の実行中その機会に傷害を被害者に生ぜしめたものであるから、その傷害が被害者においてその短刀を握ったため生じたものであったとしても、強盗傷人罪の成立を妨げるものではないとした（最判昭24・3・24刑集3・3・376）。

・強盗犯人が、被害者に対し、刃渡45cm の日本刀を突き付けて「金を出せ」「騒ぐと突き刺すぞ」などと脅迫したところ、被害者が右手で日本刀にしがみつき大声を上げて救助を求めたため強盗は未遂に終わったが、その際犯人が日本刀を引いたためその切先などにより被害者の右手掌などに切創を負わせたという事案について、犯人が被害者に対して日本刀を突き付ける所為をなせばそれだけでも人の身体に対する不法な有形力を行使したものとして暴行を加えたといい得るのであり、強盗犯人

が、暴行により被害者に傷害を加えた事案として強盗致傷罪の成立を認めた（最決昭28・2・19刑集7・2・280）。

・強盗犯人が、被害者にナイフを突きつけ「お前は高利貸をしているそうだが、これだぞ」「これでもか、これでもか」と2、3回同人の頸や頤のあたりにナイフを突き出して脅迫した際に、突き出したナイフの刃が同人の頸および頤に触れてかすり、各部位にそれぞれ擦過傷を負わせたという事案について、被告人が被害者に向ってナイフを突き出す所為はそれ自体人の身体に対する不法な有形力を行使したものとして暴行を加えたものであり、暴行により傷害の結果を生ぜしめた所為につき240条の成立を認めた（最判昭33・4・17刑集12・977）。

・強盗犯人が、被害者運転のミニバイクの後部荷台にまたがって乗車し、登山ナイフを同人の右脇腹に突き付け「騒ぐな、騒ぐと殺すぞ。」などと申し向け、同人を付近の路上まで運転させて連行し、同所において、両手錠の一方を同人の左手首に、他の一方を同車のハンドルにかけて連結固定したうえ、さらに「倒れろ」と命じ、そうしなければ殺されるかもしれないと畏怖させて同車もろともその場に転倒させ、右肘部打撲傷等の傷害を負わせたという事案について、強盗の手段たる脅迫によって被害者が畏怖し、その畏怖の結果傷害が生じた場合に、強盗致傷罪に成立を否定すべき理由はないというべきであるとし、「倒れろ」と命じる所為は強盗罪における脅迫に当たり、それが強盗の実行中に強盗の手段としてなされたものであることは明らかで、被害者の傷害は被害者が畏怖したことに起因するものであるから、強盗の手段たる脅迫によって傷害の結果が生じたものとして強盗致死傷罪の成立を認めた（大阪高判60・2・6高刑集38・1・50）。

4 主観的要件

・前段（強盗致傷罪・強盗傷人罪）

　　最低限の要件としては、強盗の故意・不法領得の意思（判例）

　　傷害の故意のある場合を含む（通説・判例）

・後段（強盗致死罪・強盗殺人罪）

最低限の要件としては、強盗の故意・不法領得の意思（判例）

殺意のある場合を含む（通説・判例）

重要判例

１ 強盗の機会

　最判昭24・5・28刑集3・6・873

〔事実の概要〕

　被告人は、他の4名と強盗の実行を共謀のうえ、日本刀等の凶器をそれぞれ準備して午前1時半頃A方の屋内に侵入し、他の1名とともに奥6畳間で就寝中のAの長男Bと次男Cを起こし、被告人所携の日本刀を突きつけ脅迫した。他の3名は匕首等の凶器を携えて表6畳の間に入り就寝中のAを起こし、Aに対し刺身包丁や出刃包丁を突きつけ脅迫し、反抗を抑圧し金員を強奪しようとした。しかし、Aが救いを求めていち早く戸外に脱出し、その妻Dらも騒ぎ立てたため、金員奪取の目的を達することができなかった。そして他の共犯者らが逃走したので、被告人も逃走しようとしたところ、逮捕される危険を感じ、同家表入口付近で被告人を追跡してきたB・Cの下腹部を日本刀で突き刺し、両名を死に至らしめた。

〔判　旨〕

　「刑法第240条後段の強盗殺人罪は強盗犯人が強盗をなす機会において他人を殺害することによりて成立する罪である。原判決の摘示した事実によれば、家人が騒ぎ立てたため他の共犯者が逃走したので被告人も逃走しようとしたところ同家表入口附近で被告人に追跡して来た被害者両名の下腹部を日本刀で突刺し死に至らしめたというのである。即ち殺害の場所は同家表入口附近といつて屋内か屋外か判文上明でないが、強盗行為が終了して別の機会に被害者両名を殺害したものではなく、本件強盗の機会に殺害したことは明である。然らば原判決が刑法第240条に問擬したのは正当であつて所論のような違法はない。」

❷ 強盗殺人罪の未遂

大判昭4・5・16刑集8・251

〔事実の概要〕

被告人は、(1)某日午前0時すぎ頃、窃盗の目的をもってA方に侵入し、Aの妻Bの枕もとで金品を捜索していたところ、Bが目を覚ました気配があったので、Bらに発見されるのを恐れ、これを殺害して金品を強取しようと決意し、携帯していたシカラップ（切削工具）でBおよびAの頭部を乱打し、両名が昏睡したので死亡したものと思い、Aの現金10万円を強取したが、両名は数十日の治療を要する傷害を受けたにとどまり、殺害の目的を遂げなかった。また、(2)某日午後11時すぎ頃、窃盗の目的をもってC方に侵入し、Cの寝所において金品を捜索した際にCに気づかれたと思い、Cを殺害して金品を強取しようと決意し、その場にあった木片をもってCの頭部に打撃を与え、さらに布片で頚部を絞めて殺害し、室内を捜索したが、金品を発見することはできなかった。

第2審は、A・B両名に対する強盗殺人未遂罪、Cに対する強盗殺人罪の成立を肯定した。これに対して、甲の弁護人は、Cに対する未遂罪としなかったことは違法であり、強盗が人を殺害したが、財物奪取が未遂に終わった場合も240条の未遂とすべきであるとして、上告した。

〔判　旨〕上告棄却

「財物強取ノ手段トシテ人ヲ殺害シタルトキハ刑法第二百四十條後段ノ犯罪成立スルモノニシテ財物ヲ得タリヤ否ヤハ其ノ犯罪ノ構成ニ關係ナキモノトス蓋シ同條後段ハ強盗ノ要件タル暴行脅迫ヲ加フル行爲ニ因リ相手方ノ生命ヲ害スルコトアルヘキカ故ニ強盗故意ニ又ハ故意ナクシテ人ヲ死ニ致ス場合ヲ豫想シ之カ處罰規定ヲ設ケタルモノニシテ同條後段ノ罪ノ未遂タル場合ハ強盗故意ニ人ヲ死ニ致サントシテ遂ケサルトキニ於テ之ヲ認ムルヲ得ヘク財物ヲ得タルヤ否ヤハ同條ノ構成要件ニ屬セサルモノト解スルヲ相當トスレハナリ然ラハ原判決ハ被告人ノ判示第二ノ行爲ヲ刑法第二百四十條後段ニノミ問擬シタルハ正當ニシテ所論ノ如キ擬律ヲ誤リタル違法アルコトナシ。」

判断基準と考え方

■1 本条の趣旨

　本条は、強盗の機会において被害者を死傷させるような残酷な行為を伴うことが少なくなく、その重大な害悪性に鑑みて、強盗罪の加重類型として設けられたものである。本条には、強盗致傷罪・強盗致死罪、および傷害・殺人の故意のある強盗傷人罪・強盗殺人罪の4つの犯罪類型が含まれている（通説・判例）。

■2 主　　体

　本罪の主体は「強盗」、すなわち強盗犯人であり、既遂か未遂かを問わない（最判昭23・6・12刑集2・7・676）。強盗の予備（237条）にとどまる犯人は含まれない。また、「強盗」には、236条の強盗犯人のみならず、事後強盗罪の犯人および昏酔強盗罪の犯人も含まれる（大判昭6・7・8刑集10・319）。学説には、「強盗」は強盗の既遂を意味し、強盗が未遂の場合には、243条によって本罪の未遂になるという考えも有力である。本罪が身分犯か否かは、争われている。

■3 客　　体

　本条の「人」とは、強盗の被害者に限らず、例えば、窃盗犯人が、逮捕を免れるために警察官を死傷させた場合も含まれる（大判明43・2・15刑録16・236、大判昭6・7・8刑集10・319）。また、殺害された者が、本来反抗のできないわずか1歳の乳幼児にすぎない場合であっても、本罪の客体である（東京高判昭26・10・24高刑特25・2）。

■4 行為・結果（「負傷させた」・「死亡させた」）

　本罪にいう「人を負傷させた」とは、他人に傷害を負わせることであり、「強盗致傷」はもちろん、傷害の故意のある「強盗傷人」も含まれる（通説・判例）。本条における「負傷」については、傷害罪における傷害との程度を同一と解すべきか否かが問題となる。判例は、基本的に、傷害罪における傷害と同

程度のものと解している（最判昭24・12・10裁判集刑15・273、最決昭32・4・23刑集11・4・1393。それに対して、本罪の負傷を限定的に解するのは、大阪地判昭34・4・23判時83・27、大阪地判昭54・6・21判時948・128等参照）。

　本罪にいう「人を死亡させた」とは、文言上、「強盗致死」はもちろん、強盗犯人が殺意をもって人を殺害した「強盗殺人」も含まれる。この点に関して、判例上は、変遷がみられた。大審院は、当初、強盗殺人罪は含まれないと解し、殺意のある場合は強盗致死罪と殺人罪が成立するとしていた（大判明43・5・24刑録16・922［牽連犯］、大判明43・10・27刑録16・1764［観念的競合］）。しかし、この見解を後に変更することとなり、最高裁も強盗殺人罪も含まれるとして、240条後段のみの適用を認めている（最判昭23・6・12刑集2・7・676、最判昭32・8・1刑集11・8・2065）。通説も、判例同様、殺意をもってなされた強盗殺人の場合には、本条後段のみを適用すれば足りるとしている（団藤595頁、山口237頁、山中330頁など）。このような考えは、上述の240条の規定趣旨に反しない点、殺意のある場合を除外すると刑の不均衡が生ずるという点、および結果的加重犯の常套用語「よって」という文言が240条には用いられていない点などを理由としている。

5 致死傷結果の原因行為

　本罪が成立するためには、死傷の結果はいかなる行為から生じたことが必要となるかが問題となる。強盗の手段としての暴行・脅迫から生じたものでなければならないという見解（手段説）が主張されている（香川437頁）が、判例は、死傷の結果は強盗の手段である暴行・脅迫から生ずる必要はなく、その原因たる行為が強盗の機会に行われれば足りるとしている（機会説。大判昭6・10・29刑集10・511、最判昭24・5・28刑集3・6・873等）。そして、判例は、強盗行為と致死傷の原因行為との時間的・場所的近接性、行為全体の一体性・連続性、被害者の同一性、犯行意図の継続性等を総合的に考慮して、強盗の機会か否かを判断しているといえよう。特に、原因行為が、「新たな決意」に基づいてなされた場合には、「別の機会」になされたものであり、「強盗の機会」が否定されている（千葉地裁平成6年判決・本書49頁参照）。このような判例の立場に対しては、強盗犯人が仲間割れして共犯者を殺害した場合や、日ごろの私怨を

晴らすために被害者を殺害した場合にも強盗の機会であれば本罪が肯定されうることになる等の疑問が提起されている。そのため、上記見解（手段説）のほか、機会説を出発点としつつ、強盗行為と密接な関連性を有する原因行為から生じた死傷結果に限る見解（密接関連性説＝大塚231頁、大谷248頁）や、強盗の手段から生じたものに加えて、事後強盗類似の状況における暴行・脅迫から生じたものも含むとする見解（拡張された手段説＝西田200頁、山口236頁）等が主張されている。

６ 脅迫による致傷・致死

　強盗の手段としての脅迫から傷害の結果が生じた場合、傷害の故意が肯定される場合には強盗傷人罪が肯定されることに問題はないであろう。問題となるのは、傷害の故意が肯定されない場合に、本条前段の罪の成立を認めうるか否かである。判例は、一般的に、脅迫を原因行為とする前段の罪の成立を正面から認めず、緩和された暴行の概念を用いて、暴行を原因行為とする前段の罪を肯定する傾向にある。例えば、強盗犯人が、被害者に対して日本刀を突きつけて脅迫した行為（最決昭28・2・19刑集7・2・280頁）や強盗犯人が、被害者にナイフを突きつけて、2、3回被害者の顎あたりにナイフを突き出して脅迫した行為（最判昭33・4・17刑集12・6・977）は、人の身体に対する不法な有形力の行使として暴行にあたるとし、そこから生じた傷害につき、暴行による傷害として240条の罪の成立を肯定している（さらに、最判昭24・3・24刑集3・3・376も参照せよ）。しかし、暴行の意思が認められない純然たる脅迫行為から致傷の結果を生じさせた場合についての最高裁の立場は明らかでないが、脅迫によって致傷の結果が生じた場合にも、強盗致傷罪が成立することを明示した裁判例は散見される。たとえば、大阪高判昭60・2・6判タ555・342は、「強盗の手段たる脅迫によって被害者が畏怖し、その畏怖の結果傷害が生じた場合に、強盗致傷罪の成立を否定すべき理由はない」と判示している（その他、福岡地判昭60・11・15判タ591・81、東京地判平15・3・6判タ1152・296等参照）。

　この問題について、学説は、本罪において最低限必要とされる主観的要件との関係で論じている。従来の通説は、「人を負傷させた」との文言から、少なくとも暴行の故意が必要であるとし、脅迫による負傷は、傷害の故意がない限

り認められないとされてきた（団藤595頁）。しかし、最近の通説は、暴行の故意のある場合はもちろんのこと、脅迫の故意しかない場合にも、人身の手厚い保護の要請という規定趣旨等に基づいて、240条前段・後段の適用を認めている（高橋290頁、福田186頁以下、山口238頁等）。

７ 未遂・既遂

　本罪の未遂は、罰せられる（243条）。いかなる場合が本条の未遂となるかが問題となる。通説・判例は、本条は人身の保護を重視するものであり、強盗致死傷罪の未遂・既遂は死傷結果の存否を基準に決せられ、強盗の既遂・未遂によるものではないと捉えている。それゆえ、「強盗致傷」および「強盗致死」については、未遂は存在しない。このような見解に対して、240条は殺意のある場合を含まない規定と捉え、240条の既遂・未遂は、強盗、すなわち、財物の奪取・財産上の利益の取得により決せられると考える見解（香川）、さらには、殺人の点が未遂の場合のみではなく、強盗の点が未遂の場合も、本罪の保護法益として生命とともに財産犯的側面をも重視して、強盗殺人未遂を肯定する見解（平野・中山・内田・曽根）も主張されている。しかし、殺意のある場合を含まないという結論は妥当でなく、また、後者の見解によれば、殺人既遂後に強盗だけを中止した場合にも、中止未遂が成立する可能性があることとなり不当であるという批判がなされている。

　通説・判例の立場が妥当であるとしても、「強盗傷人」については、傷害の故意はあったが傷害結果が発生しなかった場合、強盗傷人未遂罪が成立するのか、強盗罪が成立するのかが問題となる。前者の見解も一部主張されているが（大塚233頁、内田295頁）、通説は、傷害の故意があり、傷害の結果が生じなかった場合、傷害罪の未遂の処罰規定はないため暴行罪にとどまるのと同様に、強盗に際しても、強盗罪にとどまり、強盗傷人未遂罪にはならないと解している。強盗傷人未遂を認めた裁判例は、未だ、見当たらない（前田215頁）。

Ⅱ　強盗・強制性交等罪、強盗・強制性交等致死罪

概　　要

（強盗・強制性交等及び同致死）

第241条1項　強盗の罪若しくはその未遂罪を犯した者が強制性交等の罪（第179条第
2項の罪を除く。以下この項において同じ。）若しくはその未遂罪をも犯したと
き、又は強制性交等の罪若しくはその未遂罪を犯した者が強盗の罪若しくはその未
遂罪をも犯したときは、無期又は7年以上の懲役に処する。

2項　前項の場合のうち、その犯した罪がいずれも未遂罪であるときは、人を死傷さ
せたときを除き、その刑を減軽することができる。ただし、自己の意思によりいず
れかの犯罪を中止したときは、その刑を減軽し、又は免除する。

3項　第1項の罪に当たる行為により人を死亡させた者は、死刑又は無期懲役に処す
る。

　　　　＊参　考：

（強盗強姦及び同致死）

旧**第241条**　強盗が女子を強姦したときは、無期又は7年以上の懲役に処する。よっ
て女子を死亡させたときは、死刑又は無期懲役に処する。

〈要　件〉

1　　項：1	強盗罪（またはその未遂）	
2	強制性交等罪（またはその未遂）	
3	同一の機会	1と2を同一の機会に行うこと
4	故意・不法領得の意思	
2項本文：1	強盗の罪の未遂罪	
2	強制性交等の罪の未遂罪	
3	人の死傷結果の不発生	
2項但書：1	自己の意思により	
2	いずれかの犯罪を中止した	
3　　項：1	第1項の罪	
2	人の死亡	
3	同一の機会	
4	第1項の罪の故意	

定義と具体的適用例

強盗・強制性交等罪（1項）　⇒　「強盗強制性交等罪」・「強制性交等強盗罪」

◼1 強盗の罪若しくはその未遂罪を犯した者

・「強盗の罪」　＝　強盗罪（236条）・事後強盗罪（238条）・昏酔強盗罪（239条）
・強盗予備罪（237条）にとどまる者は含まれない。

◼2 強制性交等の罪若しくはその未遂罪を犯した者

・「強制性交等の罪」　＝　強制性交等罪（177条）・準強制性交等罪（178条の2）
・監護者性交等罪は、強盗の罪と同一の機会に行われることは実際には考えられないので、本条の適用から除外された。

◼3 同一の機会

強盗・強制性交等罪が成立するためには、強盗（またはその未遂）と強制性交等（またはその未遂）が同一の機会に行われる必要がある。

判断基準と考え方

◼1 本条の趣旨

本条は、2017（平成29）年に改正された。改正前は、「強盗が女子を強姦したときは、無期又は7年以上の懲役に処する。よって女子を死亡させたときは、死刑又は無期懲役に処する。」と規定していた。強盗犯人が女子を強姦した場合に限って「強盗強姦罪」が成立し、したがって、強姦の後に強盗の犯意が生じ強盗をしたときは、本条の罪は成立せず、強姦罪と強盗罪の併合罪とされていた（最判昭24・12・24刑集3・12・2114）。しかし、刑の加重根拠は、強盗と強姦という重大・悪質な犯罪が同一の機会になされたことにあるから、強盗と強姦の順序は重要ではなく、2017年の改正によって、強盗と強姦＝強制性交等が同一の機会において犯されていれば足りることとされた。

❷ 強盗・強制性交等罪（1項）

　本条1項が成立するためには、強盗の罪またはその未遂と強制性交等の罪（179条2項の罪を除く）またはその未遂が同一の機会に行われることが必要である。また、強盗の罪と強制性交等の罪の成立要件をともに満たす必要がある。強盗の罪と強制性交等の罪がいずれも未遂にとどまる場合でも、強盗・強制性交等罪、すなわち本罪の既遂が成立し、本罪の未遂犯を観念することはできない。

❸ 2項の趣旨

　改正前の「強盗強姦罪」については、既遂と未遂の区別は強姦を基準とするのが通説であって、強盗強姦罪の未遂（243条）が成立した。改正後は、強盗の罪と強制性交等の罪がいずれも未遂にとどまる場合でも、1項の強盗・強制性交等罪（既遂）が成立する。したがって、2項は、強盗・強制性交等罪の未遂犯を処罰する規定ではないが、いずれも未遂罪にとどまり、かつ、人を死傷させていない場合には、法益侵害が重大とはいえないため、刑の任意的減軽を可能とする規定を置いたものである。また、2項但書は「自己の意思によりいずれかの犯罪を中止したときは、その刑を減軽し、又は免除する。」と規定し、刑法総則の中止未遂規定（43条但書）の要件と同様に、「自己の意思により」いずれかの犯罪を「中止した」ときに、刑の必要的減軽・免除を認めている。「いずれかの犯罪」を中止すればよいので、例えば、強盗の罪を自らの意思で中止した場合でも但書が適用される。それ故、刑が減軽・免除されうる範囲は、従来の通説が中止未遂規定（43条但書）を用いていた場合よりも、法定的に拡張されたものとなっている。

❹ 強盗・強制性交等致死罪（3項）

　改正前の「強盗強姦致死罪」（後段）は、強盗行為が時間的に先行しなければならず、強盗の機会になされた強姦により致死結果を生ぜしめた場合（強姦の結果的加重犯）を重く処罰する規定であった。しかし、強盗・強制性交等罪にあたる行為がなされ、そのいずれかの行為により人を死亡させた場合に、「強盗・強制性交等致死罪」は成立するという改正がなされた。さらに、改正

前は、後段は「よって」という文言等から結果的加重犯として規定されており、殺意のない場合、すなわち「強盗婦女ヲ強姦シ殺意ニ出テスシテ之ヲ死ニ致ス場合ニ成立スルモノ」（大判昭10・5・13刑集14・514）であった。改正により、「よって」という文言を用いず、結果的加重犯の場合（強盗・強制性交等致死罪）に加えて、従来とは異なり、殺意がある場合（強盗・強制性交等殺人罪）をも含むものとされた。

5 人を負傷させた場合

改正前の「強盗強姦罪」においては、被害者に傷害結果を負わせた場合については特別の規定が設けられておらず、そのような場合には単に強盗強姦罪のみが成立するというのが通説・判例（大判昭8・6・29刑集12・1269）の立場であった。改正後も、被害者に傷害結果を負わせた場合についての特別な規定が新設されていないため、傷害の結果が発生したとしても、強盗・強制性交等罪のみが成立すると解される（通説）。傷害結果が生じた場合は、強盗・強制性交等罪の量刑事情として考慮される。

6 241条3項の未遂

243条は、「241条第3項の罪の未遂は、罰する。」と規定している。241条3項は、結果的加重犯の場合のみならず、殺意がある場合（強盗・強制性交等殺人罪）をも含んでいることから、既遂・未遂は殺害行為を基準として区別されることになる。

第5章 詐欺罪・恐喝罪

Ⅰ　詐　欺　罪

概　要

（詐欺）
第246条1項　人を欺いて財物を交付させた者は、10年以下の懲役に処する。
2項　前項の方法により、財産上不法の利益を得、又は他人にこれを得させた者も、同項と同様とする。

〈要　件〉
1項：1　人を欺いて　　　　　　　欺く行為⇒因果関係⇒錯誤⇒因果関係⇒下記3）
　　　2　財物を　　　　　　　　財産的価値のある有体物
　　　3　交付させた　　　　　　処分行為＝占有者の意思に基づく占有移転
　　　4　不法領得の意思
　　　5　故意
2項：1　前項の方法により　　　欺く行為⇒因果関係⇒錯誤⇒因果関係⇒処分行為
　　　2　財産上不法の利益を得　財産的利益の移転
　　　　または他人にこれを得させた
　　　3　故意
　　＊参考：不法領得の意思

⇒未遂の処罰（243条）

1 欺く行為（欺罔行為）

定義と具体的適用例

（1）「人」を錯誤に陥れる行為

【詐欺罪否定例】　欺く相手が「人」でない場合

・不正に入手した銀行カードによって ATM を操作して現金を取得する行

為は窃盗罪である（最決平14・2・8刑集56・2・71）。

・いわゆる体感器を用いてパチスロ機で遊戯し、高い確率で大当たりを連発して多数のメダルを取得する行為は窃盗罪にあたる（最決平19・4・13刑集61・3・340）。

・パチンコ台に手を加えてその動作を変更し、玉を取得する場合は窃盗罪である（最判昭29・10・12刑集8・10・1591、最決昭31・8・22刑集10・8・1260、東京地判平3・9・17判時1417・141）。

（2）交付の判断の基礎となる重要事項を偽ること

【肯定例】

・搭乗券の交付を請求する者自身が航空機に搭乗するかどうかは、本件係員らにおいてその交付の判断の基礎となる重要な事項であるというべきであるから、自己に対する搭乗券を他の者に渡してその者を搭乗させる意図であるのにこれを秘して本件係員らに対してその搭乗券の交付を請求する行為は、詐欺罪にいう人を欺く行為にほかならない（最決平22・7・29刑集64・5・829）。

・総合口座の開設ならびにこれに伴う総合口座通帳およびキャッシュカードの交付を申し込む者が暴力団員を含む反社会的勢力であるかどうかは、本件局員らにおいてその交付の判断の基礎となる重要な事項であるというべきであるから、暴力団員である者が、自己が暴力団員でないことを表明、確約して上記申込みを行う行為は、詐欺罪にいう人を欺く行為にあたる（最決平26・4・7刑集68・4・715）。

・チケット購入者が営利目的転売の意思を有しているかどうかは、販売会社にとって販売の判断の基礎となる重要な事項と認められる（神戸地判平29・9・2 LEX/DB25547424）。

・事実を知っていれば交付しなかったであろう事項につき虚偽があること（最決昭34・9・28刑集13・11・2993）。

【否定例】

・商品の名称を偽ったが品質、価格などには虚偽がなく買主においてもそ

の名称の如何にかかわらず、その物を実験し自己の鑑識をもって買い受けた場合、人を欺く行為に基づく錯誤がない（大判大8・3・7刑録25・396）。

（3）交付行為に向けられた欺罔

欺く行為は、物・利益の交付行為に向けられたものでなければならず、嘘をついて注意をそらせた隙に所持品を持ち去るような場合は詐欺ではなく窃盗である（財物詐欺について明示する判例なし）。

「（利益詐欺について）詐欺罪における欺罔行為とは、欺罔者の行為がそれ自体被欺罔者の側における財産上の処分行為を招来するような作為または不作為、換言すれば、被欺罔者が財産的処分行為をなすための判断の基礎となるような事実をいつわるものであることを要すると解すべきである。そうとすると、本件において被告人がLに言った『すぐ戻って来るからここで一寸待ってて。』との言葉は、これを信じた右Lをして、被告人が一時下車して用足しをすることを容認させるだけで、タクシー料金の支払を免除しあるいは猶予するなどの財産的処分行為をさせる態のものではなく、言わば被告人が逃走するための方便としての意味しか持たないもので、欺罔行為には当らないと言うべきである。」（岡山地判昭47・6・22刑月4・6・1236）

（4）不作為による欺罔

「単純な事実の緘黙に因って他人に錯誤を生ぜしめ若くは之を保持させた場合には、事実を告知すべき法律上の義務が存しなければ、詐欺罪の欺罔があったと言うことはできない。」（大判大6・11・29刑録23・1449）

（5）挙動による欺罔

・代金を支払う意思がないのに飲食物を注文する行為は、欺罔にあたる（最決昭30・7・7刑集9・9・1856）。
・代金を支払う意思がないのに商品を発注する行為は、欺罔にあたる（最決昭43・6・6刑集22・6・434）。

判断基準と考え方

　欺く行為（欺罔行為）は、文言上①「人」を錯誤に陥れる行為でなければならず、機械、電子機器に対する虚偽情報の入力等によって誤作動をきたす行為は、欺く行為ではない。また、②交付の判断の基礎となる重要事項を偽ることが必要であるから、③欺罔行為自体が交付行為に向けられていることが必要であって、注意をそらすための虚言等は、これにあたらない。この場合、およそ「人を欺いて」とはいえないので、詐欺罪は未遂でさえない。④不作為による欺罔すなわち重要な事実の黙秘による欺罔も可能であるが、不作為による場合は不真正不作為犯となるので、被告人に作為義務すなわち告知義務があったことが必要である。⑤支払い意思、能力がないことを隠して取引を行う場合は、挙動による欺罔であって作為犯となり告知義務の存在を要しない。当初から支払い意思のない無銭飲食は作為（挙動）による詐欺罪である。錯誤の定義は特になされていないが、被害者が重要な事実につきおよそ認識を欠くかこれを誤認していることである。

② 財物・財産的損害（246条1項）

定義と具体的適用例

（1）国または公共団体の所有に属する財物も客体

　・国有財産の払い下げ・売り渡しを詐欺的に受けた場合（大判明43・4・7刑録16・540、大判昭9・2・8刑集13・99）。

　・補助金の虚偽申告による受給（最判昭31・4・17裁判集刑113・341）。

　・生活保護費の不正受給（東京高判昭31・12・27高刑集9・12・1362、東京高判昭49・12・3高刑集27・7・687）。

（2）財産的損害は必要ではない

　相当対価の支払いがあった場合も詐欺罪が成立する。

　誇大な効能を謳ってマッサージ機を販売した事案について、「たとえ価格相当の商品を提供したとしても、事実を告知するときは相手方が金員

を交付しないような場合において、ことさら商品の効能などにつき真実に反する誇大な事実を告知して相手方を誤信させ、金員の交付を受けた場合は、詐欺罪が成立する。」（最決昭34・9・28刑集13・11・2993）。

【否定例】

・医師を詐称して薬品を相当価格で販売した場合、医師法違反は別として詐欺罪は成立しない（大決昭3・12・21刑集7・772）。

（3）証明書等の不正取得は詐欺罪を構成する

・他人名義の預金通帳（最決平14・10・21刑集56・8・670）。

・他人名義のローンカードは財産的機能をもつ「重要な財物」である（最判平14・2・8刑集56・2・71）。

・簡易生命保険証書（最決平12・3・27刑集54・3・402）。

・国民健康保険被保険者証

　「国民健康保険被保険者証は、国民健康保険により療養の給付を受けうる資格を有する者であることを証明する文書であって、被保険者が療養の給付を受けようとするときは、原則としてこれを療養取扱機関に提出しなければならないものである（国民健康保険法9条・36条等参照。）また、同被保険者証は、社会生活上個人の同一性を識別するために、広く事実上の機能を果たしているという面をも有する。したがって、同被保険者証は、その文書自体として、一般的、客観的にみて、重要な経済的社会的価値効用を有するものであるから、刑法のいわゆる財産罪の保護に値し、同法246条1項の「財物」にあたると解される。」（東京地判昭62・11・20判時1274・160）

　「その性質、効用をみると、被保険者証は、市町村が行う国民健康保険の被保険者であること、換言すれば、当該市町村から療養の給付を受けうる権利を有する者であることを証明する文書で（国民健康保険法9条、同法施行規則6条）、単なる事実証明に関する文書ではなく、財産上の権利義務に関する事実を証明する効力を有する文書というべきものであつて、被保険者が療養の給付を受けようとするときは、原則としてこ

れを療養取扱機関に提出しなければならないものであり（同法36条）、被
保険者証は、単なる事実証明に関する文書とは異り、それ自体が社会生
活上重要な経済的価値効用を有するものであるから、」「所有権の客体と
なるべき有体物」であり、財物にあたる（大阪高判昭59・5・23高刑集
37・2・328）。

・輸出証明書（大阪高判昭42・11・29判時518・83）

・米穀通帳（最判昭24・11・17刑集3・11・1808）

【否定例】

・国民健康保険証は「経済取引において格別の価値を有するものではな
い」（名古屋地判昭54・4・27刑月11・4・358）。

・旅券の虚偽申告による取得については別途刑法第157条の罪が成立する
ことは別論として、詐欺罪が成立することはない。157条2項は不実の
記載をさせるだけで成立するが、それと同時に「その性質上不実記載さ
れた免状等の下付を受ける事実をも当然に包含する」（最判昭27・12・25
刑集6・12・1387）。

・運転免許証の不正取得は財産上の利益を侵害しない（高松地丸亀支判昭
38・9・16下刑集5・867）。

・印鑑証明（大判大12・7・14刑集2・650）。

・建物所有証明書（大判大3・6・11刑集4・6・909）。

・健康保険証の不正取得は、健保法87条1号の「事業主故ナク其ノ使用ス
ル者ノ異動ニ関シ虚偽ノ報告ヲ為シタルトキ」にあたり、被保険者証の
交付を受ける点は、被保険者資格取得届の提出に包含されるといわねば
ならない。届けがあれば都道府県知事は保険証を交付「しなければなら
ない」（大阪高判昭60・6・26高刑38・2・112）。

❸ 財産上不法の利益（246条 2 項）

定義と具体的適用例

（1）利　　益

- ・権利の取得のような積極的利益でも債務の免除のような消極的利益でもよい（大判明43・5・31刑録16・995）。
- ・一時的利益でもよい（大判明45・4・22刑録18・496）。
- ・債務の免除、履行期日の延期（大判明44・10・5刑録17・1598）。
- ・所有権移転の意思表示（大判明44・12・4刑録17・2095）。
- ・役務の提供。無賃乗車（大判大12・2・15刑録2・78）。
- ・債務の弁済を免れること（最判昭30・4・8刑集9・4・827）。
- ・騙取した財物の返還を免れること（名古屋高判昭32・9・5高刑特4・18・465）。
- ・自己に代金支払いの意思および能力がないのに、あるように装い、自己名義のクレジットカードを呈示し、クレジットカードによる宿泊代金の立替払を承諾させてその場での宿泊代金の支払いを免れた場合（福岡高判昭56・9・21刑月13・8＝9・527）。

【否定例】

- ・すでに履行遅滞の状態にある債務者が、欺罔手段によって、一時債権者の督促を免れたからといって、ただそれだけのことでは、刑法246条 2 項にいう財産上の利益を得たものということはできない（最判昭30・4・8刑集9・4・827）。

（2）相当対価の支払いがある場合

- ・暴力団員であることを隠して暴力団員の利用を禁じているゴルフ場を利用する行為は利用料を支払っていても246条 2 項にあたる。「ゴルフ場が暴力団関係者の施設利用を拒絶するのは、利用客の中に暴力団関係者が混在することにより、一般利用客が畏怖するなどして安全、快適なプレー環境が確保できなくなり、利用客の減少につながることや、ゴルフ

　　俱楽部としての信用、格付け等が損なわれることを未然に防止する意図によるものであって、ゴルフ俱楽部の経営上の観点からとられている措置である。」（最決平26・3・28刑集68・3・646）。

・「本件クラブは、利用客が安心して安全に施設を利用できることを経営上の基盤としており、暴力団員等の利用を許すことになれば、その信用が失墜し、ひいては経営悪化等をも招きかねないのであるから、被告人らの施設利用によって財産的損害が生じたことも優に認められる。」（大阪高判平26・8・19 LEX/DB25446825）。

（3）国または地方公共団体に支払うべき金銭の免脱は246条2項の罪を構成しない

・不正申告による租税の免脱は詐欺罪を構成しない（大判明44・5・25刑録17・959、大判大4・10・28刑録21・1745）。

・罰金額改ざん（水戸地判昭42・6・6下刑9・6・836）。

・河川の土石採取料免脱（広島高岡山支判昭43・12・10高刑21・5・640）。

判断基準と考え方

　相当対価の支払いがあった場合も、246条1項、2項ともに成立する。ただし、特に2項においては、必ずしも直接的なものである必要はないが財産的損害が生じたことを要する。国または地方公共団体の所有に属する物も経済的価値がある限り詐欺罪の客体たりうるが、証明書等を虚偽申告、申請によって取得する場合は、その物自体の経済的価値は僅かなので、その経済的機能に着目して財物であるか否かが決せられる。国または地方公共団体に支払うべき金銭の免脱は「財産上不法の利益を得た」にあたらない。不正申告自体を捕捉する罰条がある場合（157条公正証書原本等不実記載罪、租税法上逋脱犯等）は、別途詐欺罪の成立が認められない場合がある。

▌4▐　交付行為・処分行為

定義と具体的適用例

（1）「交付させた」（246条1項）

(a)　**処分行為**＝占有の移転が客観的に被害者の手によって行われたこと。

(b)　**処分意思**＝被害者にその点の認識があったこと。

・現金70万円を持参するつもりで、自宅の奥室から同現金を入れた風呂敷包みを取り出し、これを被告人が一人で待っている玄関先の上がり口まで持ち出して置き、そのまま便所へ行っている間に、被告人に現金在中の右風呂敷包みを持ち逃げされた事案においては窃盗罪ではなく詐欺罪が成立する（最判昭26・12・14刑集5・13・2518）。

・自動車販売店の店員を同乗させて自動車を試乗したのち、もう1周回ってきたいと申し向けて店員を降車させそのまま走り去った場合は、窃盗罪ではなく詐欺罪が成立する（東京地八王子支判平3・8・28判タ768・249）。

・被告人が、店舗内で店員が注文どおりの商品を販売ケースの上に置いて商品の数の確認を求めた際に、店員に「今若い衆が外で待っているから、これを渡してくる。お金は今払うから、先に渡してくる。」と虚言を用い、商品を持ったまま店外に出て逃走した行為は詐欺罪にあたる（東京高判平12・8・29判時1741・160）。

・喫茶店内で被告人がダイヤの売買を斡旋する者のように装って話を進め、鑑定を依頼するため一時預ると称してダイヤの交付を受けて被害者同道のもと持ち出し、宝石店で鑑定を受けたのち秘かに途中で拾った小石を封筒に入れ、喫茶店に戻ったのち、買受人が来るのが遅いから電話をかけてくると詐り、前記小石入り封筒を、あたかも右ダイヤが入っているもののように装い、被害者の面前のテーブルの上に置き、右ダイヤを携えたまま同店から立ち去り逃走したという場合、被害者はすでに当初喫茶店でダイヤを交付したことによってその所持を被告人に移転し、被告人はよって右ダイヤの単独占有を取得し刑法第246条1項にいう「財物ヲ騙取シタル者」に該当するに至ったものと解すべきである（東

京高判昭45・5・4判時615・87）。

【詐欺（交付行為）否定例】

・商店で洋服の試着中、ちょっと用足に行くと言って逃走する行為は、詐欺ではなく、窃盗である（広島高判昭30・9・6高刑8・8・1021）。

・銀行の窓口で老人の付添いを装ってそばに立ち、預金の払戻金の交付を受ける行為は、窃盗であり、詐欺ではない（東京高判昭49・10・23判時765・111）。

・図書館から館内閲覧のため貸出を受けた書籍の占有は図書館の管理者にあり、これを持ち出したときは、窃盗罪が成立する（東京高判昭48・9・3東高刑時報24・9・141）。

【判断を留保した例】

・覚せい剤取引を斡旋にかこつけて被害者をホテルの一室に呼出し、買主が別室で待機しているかのように装ったうえ、「買主に現物を見てもらうから」と嘘を言って被害者から覚せい剤を受け取り、そのままこれを持ち去った場合は、詐欺罪または窃盗罪にあたる。その後、売り主の殺害を企てる行為は、代金の支払いもしくは覚せい剤の返還を免れるという財産上不法の利益を得る行為にあたり、利益強盗の未遂となる（最判昭61・11・18刑集40・7・523）。

（2）財産上不法の利益を得た（246条2項）

(a) **財産上の利益＝債務の免除、役務の提供、担保物権の取得、口座振替等**

・電気料金の支払い免脱（大判昭9・3・29刑集13・335）

・債務弁済の猶予（最決昭33・3・12刑集13・3・298）

・ゴルフ場施設の利用（最決平26・3・28刑集68・3・646）

・消費者金融のローンカードを取得して得た「繰り返し金銭を借り入れることができる地位」（東京高判平18・11・21高刑速（平18）229）

・宿泊の利便（東京高判平15・1・29高刑速（平15）42）

(b)　「得た」＝利益の移転＝処分意思に基づくこと

　　・旅館を立ち去るにあたり旅館主に「今晩必ず帰ってくるから」と申し欺
　　　き、そのため宿泊料等の請求をさせなかったときは、その支払いを少な
　　　くとも猶予する旨の意思を暗黙に表示させたものであり、刑法246条 2
　　　項の詐欺罪が成立する（東京高判昭33・ 7・ 7高刑特 5・ 8・313）。

【否定例】

　・債務の支払いを免れたことを刑法246条 2 項に問擬するには、相手方た
　　る債権者を欺罔して債務免除の意思表示をさせることを必要とし、単に
　　逃走して事実上支払いをしなかっただけでは足りない（最決昭30・ 7・ 7
　　刑集 9・ 9・1856）。
　・すでに宿泊した料金の支払いに窮し、旅館の女中に映画を見に行ってく
　　ると申し偽って、これを未払いのまま逃亡したというにとどまり、被欺
　　罔者が錯誤に基づき債務を免除するとか、支払いの猶予を与えるとか、
　　その他何らかの財産上の利益供与に関する積極的な処分行為にでた事実
　　が認められないときは詐欺利得罪は成立しない（東京高判昭31・12・ 5東
　　高刑時報 7・12・460）。

判断基準と考え方

　財物については、その物の大きさ、移動性の高さといった属性により被告人
が手にしただけで被害者が支配を失う場合は、占有移転があると判断され、そ
れが被害者の手によってなされた場合は、処分行為があったことになる。かつ
被害者がその点を認識していれば、処分意思もあるとされる。しかし、支配の
移動が被告人の手によって完了した場合は処分行為はなく窃取であるとされる
傾向がある。また、物が被害者の支配する閉鎖空間にとどまるのか否かも基準
となっており、具体的状況が細部まで考慮されているといえる。
　財産上の利益に関しては、物理的な手がかりがないため、単に虚言を用いて
支払いを免れただけでは足りず、一般的に債務免除ないし履行猶予の意思表示
があったことが処分行為の要件とされる。役務の提供が対象となる利益である
場合には、利用の許可が処分行為だということになろう。

重要判例

最判昭30・4・8刑集9・4・827

〔事実の概要〕

　被告人はりんごの仲買を業とするものであるが、被害者に対し、りんご500箱を売り渡す契約をし、その代金を受領しながら、履行期限が過ぎても、その履行をしなかったため、被害者より再三の督促を受けるや、その履行の意思のないのに被害者を積み込み駅に案内し、同駅でりんご422箱の貨車積を見せ、あたかもりんご500箱発送の手続を完了し着荷を待つのみのように見せかけて被害者を誤信させ、安心して帰宅させた。

〔判旨〕

　刑法246条2項にいう「〔人ヲ欺罔シテ〕財産上不法ノ利益ヲ得又ハ他人ヲシテ之ヲ得セシメタル」罪が成立するためには、他人を欺罔して錯誤に陥れ、その結果被欺罔者をして何らかの処分行為を為さしめ、それによって、自己又は第三者が財産上の利益を得たのでなければならない。しかるに、右第一審判決の確定するところは、被告人の欺罔の結果、被害者は錯誤に陥り、「安心して帰宅」したというにすぎない。同人の側にいかなる処分行為があったかは、同判決の明確にしないところであるのみならず、右被欺罔者の行為により、被告人がどんな財産上の利益を得たかについても同判決の事実摘示において、何ら明らかにされてはいないのである。同判決は、「因て債務の弁済を免れ」と判示するけれども、それが実質的に何を意味しているのか、不分明であるというのほかはない。あるいは、同判決は、被害者が、前記のように誤信した当然の結果として、その際、履行の督促をしなかったことを、同人の処分行為とみているのかもしれない。しかし、すでに履行遅滞の状態にある債務者が、欺罔手段によって、一時債権者の督促を免れたからといって、ただそれだけのことでは、刑法246条2項にいう財産上の利益を得たものということはできない。その際、債権者がもし欺罔されなかったとすれば、その督促、要求により、債務の全部または一部の履行、あるいは、これに代りまたはこれを担保すべき何らかの具体的措置が、ぜひとも行われざるをえなかったであろうといえるような、特段の情況が存在したのに、債権者が、債務者によって欺罔されたため、

右のような何らか具体的措置を伴う督促、要求を行うことをしなかったような場合にはじめて、債務者は一時的にせよ右のような結果を免れたものとして、財産上の利益を得たものということができるのである。ところが、本件の場合に、右のような特別の事情が存在したことは、第一審判決の何ら説示しないところであるし、記録に徴しても、そのような事情の存否につき、必要な審理が尽されているものとは、とうてい認めがたい。

5 実行の着手

定義と具体的適用例

・屑鉄商が屑鉄の納入に際し、秤量器を操作して水増し秤量させ検収係員を欺いてその結果を実量と誤信させて検収せしめた以上、代金騙取の実行の着手がある（最判昭34・5・19裁判集刑129・871）。

・入室管理システムを使用したホテルの一室に無銭宿泊の意図で入室したときは、入室した時点で従業員が入室の事実を確認していなくても、その事実は了知可能な状態になっていたので、詐欺罪の実行の着手に欠けるものではない（東京高判平15・1・29判時1838・155）。

【否定例】

・現金盗難被害を仮装し、盗難損害保険金名目で現金をだまし取ろうと考え、保険代理店に対し、現金盗難被害に遭った事実があったかのように装い、盗難損害保険金請求の意思を伝えるとともに、事故受付票1通を作成させてファクシミリ送信させただけでは、保険金が支払われる現実的危険性があったことを認定するに足る事情とは言えない（福岡地小倉支判平27・2・20 LEX/DB25505946）。

重要判例

最判平30・3・22刑集72・1・82

〔事実の概要〕

被告人は、警察官になりすまし、被害者（当時69歳）から現金をだまし取ろ

うと考え、氏名不詳者らと共謀のうえ、被害者が、平成28年6月8日、同人の甥になりすました者に、仕事の関係で現金を至急必要としている旨嘘を言われて、その旨誤信し、同人の勤務する会社の系列社員になりすました者に、現金100万円を交付したことに乗じ、あらかじめ被害者に預金口座から現金を払い戻させたうえで、同人から同現金の交付を受ける意図のもと、同月9日午前11時20分頃から同日午後1時38分頃までの間、氏名不詳者らが、複数回にわたり、被害者方に電話をかけ、「昨日、駅の所で、不審な男を捕まえたんですが、その犯人が被害者の名前を言っています。」「昨日、詐欺の被害に遭っていないですか。」「口座にはまだどのくらいの金額が残っているんですか。」「銀行に今すぐ行って全部下ろした方がいいですよ。」「前日の100万円を取り返すので協力してほしい。」「僕、向かいますから。」「2時前には到着できるよう僕の方で態勢整えますので。」などと嘘を言い、被害者を、電話の相手が警察官であり、その指示に従う必要がある旨誤信させ、被害者に預金口座から預金の払い戻しをさせた後、同日午後1時38分頃、警察官になりすました被告人が被害者から現金の交付を受けようとしたが、同人方付近で警戒中の警察官に発見されて逮捕されたため、その目的を遂げなかった。

〔判　旨〕

　上記認定事実によれば、これらの嘘（以下「本件嘘」という。）を述べた行為は、被害者をして、本件嘘が真実であると誤信させることによって、あらかじめ現金を被害者宅に移動させた上で、後に被害者宅を訪問して警察官を装って現金の交付を求める予定であった被告人に対して現金を交付させるための計画の一環として行われたものであり、本件嘘の内容は、その犯行計画上、被害者が現金を交付するか否かを判断する前提となるよう予定された事項に係る重要なものであったと認められる。そして、このように段階を踏んで嘘を重ねながら現金を交付させるための犯行計画の下において述べられた本件嘘には、預金口座から現金を下ろして被害者宅に移動させることを求める趣旨の文言や、間もなく警察官が被害者宅を訪問することを予告する文言といった、被害者に現金の交付を求める行為に直接つながる嘘が含まれており、既に100万円の詐欺被害に遭っていた被害者に対し、本件嘘を真実であると誤信させることは、被害者において、間もなく被害者宅を訪問しようとしていた被告人の求めに応じ

て即座に現金を交付してしまう危険性を著しく高めるものといえる。このような事実関係の下においては、本件嘘を一連のものとして被害者に対して述べた段階において、被害者に現金の交付を求める文言を述べていないとしても、詐欺罪の実行の着手があったと認められる。

6 特殊事例

定義と具体的適用例

（1）クレジットカードの不正使用

(a) 自己名義のクレジットカード

・代金支払いの意思も能力もないのに、自己名義のクレジットカードを提示行使して加盟店から商品を交付させたときは、加盟店を被害者とする詐欺罪が成立する（和歌山地判昭49・9・27判時775・178、福岡高判昭56・9・21刑月13・8＝9・527、東京高判昭59・11・19判タ544・251、名古屋高判昭59・7・3判時1129・155）。

(b) 他人名義のクレジットカード

・拾得横領したカードを冒用して商品を購入する場合は詐欺罪にあたる（大阪高判平1・11・15高刑速（平1）175、東京高判昭56・2・5判時1011・138）。

・架空人名義のカードを利用して提携銀行から借受金名義で金員の交付を受けたときは詐欺罪が成立する（福岡高那覇支判昭61・2・27高刑速（昭61）253）。

・窃取した保険証で作成させた他人名義のカードの使用は詐欺罪を構成する（東京高判昭60・5・9刑月17・5＝6・519）。

・「クレジットカード制度は、カード名義人本人に対する個別的な信用を供与することが根幹となっているのであるから、カード使用者がカードを利用する正当な権限を有するカード名義人本人であるかどうかがクレジットカード制度の極めて重要な要素であることは明らかで、カード名義人を偽り自己がカード使用の正当な権限を有するかのように装う行為

は欺罔行為そのもの」「加盟店は、カード利用者が決済する意思及び能力を有していることを当然の前提として取引に応じている。」(東京高判平3・12・26判タ787・272)

(c) カード名義人の承諾の作用

・仮に、被告人が、クレジットカードの名義人から同カードの使用を許されており、かつ、自らの使用に係る同カードの利用代金が会員規約に従い名義人において決済されるものと誤信していたという事情があったとしても、詐欺罪の成立は左右されない(最決平16・2・9刑集58・2・89)。

・加盟店が異性名義であることには気づいていたとしても，被告人が名義人本人の家族等であろうと考えて商品販売に応じたという事情に鑑みれば、被告人が本人の許諾がある場合であるかのように装ったことをして、「正当な利用権限を有するもののように装い、各被欺罔者がその旨誤信した」ということができる(大阪高判平1・11・15高刑速(平1)175)。

・名義人による使用と同視しうる特段の事情がある場合を除き、欺罔行為：「クレジットカードの使用者とその名義人との人的関係、クレジットカードの使用についての承諾の具体的内容、クレジットカードの使用状況等の諸般の事情に照らし、当該クレジットカードの名義人による使用と同視しうる特段の事情がある場合を除き、」「クレジットカードの正当な使用権限を偽るものとして詐欺の欺罔行為にあた」る(大阪高判平14・8・22刑集58・2・116)。

・「例外的にカード名義人以外の者のカード利用が黙認される」のは、「カード名義人においてカード使用者に対してカード利用の承諾を与え、その代金決済を自己がカードを利用する場合と同様に名義人自らの責任においてすることを了解しており、且つそのことが客観的にも強く推認される配偶者間などの場合に限られる。」(東京高判平3・12・26判タ787・272)。

（2）直接的財産的損害のない詐欺

（a）　1項詐欺が成立する場合

（ⅰ）　違法行為目的を隠した取引

・他人を搭乗させる目的を秘して、自ら購入した航空券をチェックインカウンターに提示して搭乗券を受け取った（最決平22・7・29刑集64・5・829）。

・振り込め詐欺団に譲渡する目的を秘して自己名義の預金口座を開設し、預金通帳およびキャッシュカードを受け取った（最決平19・7・17刑集61・5・521）。

・「最後まで責任をもって飼養します」等と記載した誓約書に署名押印するなどして、虐待する意図を秘匿し、猫の保護活動をしている被害者から猫の譲渡をうけた（横浜地判平24・5・23 LEX/DB25481421）。

（ⅱ）　身分を隠した契約

・暴力団準構成員であることを隠して、不動産を購入した（京都地判平26・3・25 LEX/DB25503287）。

・暴力団員でないことを確約して貯金口座を開設した（最決平26・4・7刑集68・4・715）。

・虚偽申請により住民基本台帳カードを交付させた（福岡高判平24・4・20高刑速（平24）233）。

（b）　2項詐欺罪が成立する場合

・いわゆる過激派の拠点として使用する意図を秘して集合住宅の一室につき賃貸契約を締結した（大阪地判平17・3・29判タ1194・293）。

・暴力団の活動拠点として使用する意図を隠して居宅の賃借契約を締結した（神戸地判平20・5・28 LEX/DB25421253）。

・暴力団員の利用を禁じているゴルフ場が暴力団員の利用を未然に防ぐべく各種の措置を講じていたときは「利用客が暴力団関係者かどうかは、本件ゴルフ倶楽部の従業員において施設利用の許否の判断の基礎となる重要な事項であるから、同伴者が暴力団関係者であるのにこれを申告せずに施設利用を申し込む行為は、その同伴者が暴力団関係者でないこと

を従業員に誤信させようとするものであり、詐欺罪にいう人を欺く行為にほかなら」ない（最決平26・3・28刑集68・3・646）。

【否定例】

- ゴルフ場が、暴力団関係者の立入りプレーを禁止する立看板を設置するなどして、施設利用を拒絶する意向を示していたものの、それ以上に利用客に対して暴力団関係者でないことを確認する措置は講じておらず、周辺のゴルフ場において、暴力団関係者の施設利用を許可、黙認する例が多数あり、警察等の指導を受けて行われていた暴力団排除活動が徹底されていたわけではない場合には、「暴力団関係者であるビジター利用客が、暴力団関係者であることを申告せずに、一般の利用客と同様に、氏名を含む所定事項を偽りなく記入した『ビジター受付表』等をフロント係の従業員に提出して施設利用を申し込む行為自体は」、通常の利用申し込みであって「申込者が当然に暴力団関係者でないことまで表しているとは認められない」（最決平26・3・28刑集68・3・582）。

(c) **特殊詐欺と騙されたふり作戦**

- 共犯者が嘘をついて被害者に現金を配送業者に委託させて配送させ、指定した配送先で受け取る方法で現金をだまし取ろうとしたが、被害者が警察官に相談して嘘を見破り、現金の入っていない箱を発送したところ、氏名不詳の共犯者から報酬約束のもとに荷物の受領を依頼され、それが詐欺の被害金を受け取る役割である可能性を認識しつつ、これを引き受けた被告人が、配送先で被害者から発送された現金が入っていない荷物を受領した場合、「被告人は、本件詐欺につき、共犯者による本件欺罔行為がされた後、だまされたふり作戦が開始されたことを認識せずに、共犯者らと共謀の上、本件詐欺を完遂する上で本件欺罔行為と一体のものとして予定されていた本件受領行為に関与している。そうすると、だまされたふり作戦の開始いかんにかかわらず、被告人は、その加功前の本件欺罔行為の点も含めた本件詐欺につき、詐欺未遂罪の共同正犯としての責任を負う」（最決平29・12・11刑集71・10・535）。

判断基準と考え方

騙取された財物自体の財産的価値が僅少であるか、財産上の利益に対して相当対価が支払われた場合であっても、移転した各種の財物、利益（例えば、搭乗券、預貯金通帳、保護猫、賃貸住宅、ゴルフ場等）について不正利用（他人を搭乗させる、振り込め詐欺の道具とする、虐待する、暴力団の拠点とする、暴力団員が利用する等）を防ぐ利益が想定される場合には、詐欺罪が認められる。もっとも、そうした利益が直接に財産的損害とされるわけではなく、そのような利益があるから、不正利用の意図の秘匿は「交付の判断の基礎となる重要な事項」に関わる錯誤を来す「欺く行為」にあたると構成される。

II 準詐欺罪

概　要

（準詐欺）
第248条　未成年者の知慮浅薄または人の心神耗弱に乗じて、その財物を交付させ、又は財産上不法の利益を得、若しくは他人にこれを得させた者は、10年以下の懲役に処する。

〈要　件〉
1　未成年者の知慮浅薄　　　　20歳未満の者　知識が乏しく思慮が足りないこと
2　人の心神耗弱　　　　　　　人的制限なし　判断能力を欠くこと
3　乗じて　　　　　　　　　　つけ込むこと　利用すること
4　財物を交付させ、　　　　　財物の占有移転　処分行為（246条1項に同じ）
5　財産上不法の利益を得、
　　もしくは他人にこれを得させた　財産的利益の移転　（246条2項に同じ）
　　　＊参考　不法領得の意思

⇒未遂の処罰⇒250条

定義と具体的適用例

■1 未成年者の知慮浅薄

- ・未成年者＝20歳未満の者。
- ・知慮浅薄＝知識が乏しく思慮が足りないこと。
- ・全般的に思慮が足りない必要はなく、具体的事項について思慮、知識が欠けているだけでよい。

■2 人の心神耗弱

- ・「人の」＝「他人の」。知慮浅薄の場合とは異なり年齢制限をしない。
- ・心神耗弱＝判断能力を欠くこと。必ずしも刑法39条2項と同じ意味ではない。
- ・意思能力を喪失するに至っていなくても精神の健全を欠き、事物の判断をするについて十分な普通人の知能を備えない状態をいう（大判明45・7・16刑録18・1087）。

■3 乗じて

- ・つけ込むこと、利用すること。
- ・知慮浅薄、心神耗弱という誘惑に負けやすい状態を利用すること。
- ・積極的誘惑行為があることを要しない。

Ⅲ　電子計算機使用詐欺罪（246条の2）

概　　要

（電子計算機使用詐欺）

第246条の2　前条に規定するもののほか、人の事務処理に使用する電子計算機に虚偽の情報若しくは不正な指令を与えて財産権の得喪若しくは変更に係る不実の電磁的記録を作り、又は財産権の得喪若しくは変更に係る虚偽の電磁的記録を人の事務処理の用に供して、財産上不法の利益を得、又は他人にこれを得させた者は、10年

以下の懲役に処する。

〈要　件〉
1　財産権の得喪もしくは変更に係る電磁的記録
2　人の事務処理に使用する電子計算機・財産権の得喪若しくは変更に関する事務
3　虚偽の情報もしくは不正な指令をあたえて不実の電磁的記録を作り
4　虚偽の電磁的記録を人の事務処理の用に供して
5　財産上不法の利益を得、又はこれを他人に得させた　　（246条2項に同じ）

⇒未遂の処罰（250条）

定義と具体的適用例

1 電磁的記録

「電子的方式、磁気的方式その他人の知覚によっては認識することができない方式で作られる記録であって、電子計算機による情報処理の用に供されるもの」（7条の2）

2 財産権の得喪若しくは変更に係る電磁的記録

・金融機関のオンラインシステム上のいわゆる元帳ファイルに記憶、蓄積された預金残高の記録（大阪地判昭63・10・7判時1295・151、東京地八王子支判平2・4・23判時1351・158）。

・KDDの通話料金課金システムファイル上の記録（東京地判平7・2・13判時1529・158）。

3 虚偽の情報若しくは不正な指令を与えて不実の電磁的記録を作り

・金融機関の職員がオンラインシステムの窓口端末を不正に操作して、入金、振込依頼の事実がないのにあったような入金データを入力して元帳ファイル上の預金残高を書き換える場合（大阪地判昭63・10・7判時1295・151、東京地八王子支判平2・4・23判時1351・158）。

・窃取したクレジットカードの名義人氏名等の情報をクレジットカード決済代行業者の使用する電子計算機に送信入力して、決済に用いられる電子マ

ネーの利用権を取得した場合、「名義人本人が電子マネーの購入を申し込んだとする」情報が「虚偽の情報」にあたる（最決平18・2・14刑集60・2・165）。

・高齢者を狙って電話をかけ、嘘を言ってATMを操作させ、送金操作と気づかせないまま被告人らの口座に振込送金する操作を行わせて虚偽の情報を与えさせ、口座残高を増加させた場合（大阪高判平28・7・13高刑速（平28）195）。

4 虚偽の電磁的記録を人の事務処理の用に供して

・入場情報のない回数券を降車駅の自動改札機に投入する行為は、当該回数券を投入した旅客がその有効区間内にある自動改札機未設置駅から入場したとの入場情報を読み取らせるという意味を有しており、実際に入場した駅が異なるときは虚偽の電磁的記録を人の事務処理の用に供したといえる（東京高判平24・10・30高刑速（平24）146）。

判断基準と考え方

不実と虚偽は同じく真実に反することを意味する。虚偽の情報もしくは不正な指令を与えた場合、同時に虚偽の電磁的記録を人の事務処理の用に供したともいえるし、財産上の利益を得るためにはほぼ常に不実の電磁的記録が作られるので、一定の行為が本条の各行為類型のどれにあたるかの厳密な区別は困難でありかつ不要である。

Ⅳ　恐　喝　罪

概　　要

（恐　喝）
第249条1項　人を恐喝して財物を交付させた者は、10年以下の懲役に処する。
　2項　前項の方法により、財産上不法の利益を得、又は他人にこれを得させた者

も、同項と同様とする。

〈要　件〉
1　人を
2　恐喝して　　　　　　財産を供与させる手段としての脅迫（害悪の告知）
3　財物　　　　　　　　235条、246条1項に同じ
4　交付させた　　　　　246条1項に同じ
5　財産上不法の利益を得、又は他人に得させた　　246条2項に同じ
　　＊参考　不法領得の意思

⇒未遂の処罰（250条）

定義と具体的適用例

❶ 恐喝行為＝財産を交付させるための脅迫

（1）強盗罪との区別

- 他人に暴行、脅迫を加えて財物を奪取した場合に、それが強盗罪となるか恐喝罪となるかは、その暴行または脅迫が社会通念上一般に被害者の反抗を抑圧するに足る程度のものであるかどうかという客観的基準によって決せられる（最判昭24・2・8刑集3・2・75）。
- 恐喝とは、財物を交付させる目的で行う脅迫をいい、人に畏怖の念を生じさせる害悪の通知であって、人の反抗を抑圧する程度に至らないものをいう（東京高判昭31・1・14高刑特3・1＝2・8）。

（2）脅　迫＝人を畏怖させるに足りる害悪の告知

(a)　脅迫罪では「生命、身体、自由、名誉又は財産に対して」加えられる害悪に限られる一方、恐喝罪では文言上害悪の種類に限定はない

- 秘密を摘発するとの通告（大判大5・6・16刑録22・1012）。
- 数人が集まって絶交することの通知（大判大1・11・19刑録18・1393）。

(b)　黙示の告知で足りる

- 被告人が暴力団の親分であることを知悉している被害者に対して金員の

交付を要求することによって、求めに応じなければ自分の業務にどのような妨害を加えられるか分からないと危惧の念を抱かせたことは、害悪を暗示したことにほかならない（大判昭8・9・2法律新聞3617・16）。

・「害悪の通知は必ずしも明示たることを要せず、挙動等その挙動も直接恐喝者に対する場合なると第三者に対する場合なるを問わずによる黙示の場合で足り、その挙動によつて被恐喝者に害悪の来るべきことを認識せしめるもので足りる」（大阪高判昭25・2・7高判特8・80）。

(c) **暴行による脅迫**

・「恐喝罪における害悪告知の方法には制限がなく、言語によると文書によると、動作によるとを問わない」から、暴行が害悪通知の方法となることもある（最決昭33・3・6刑集12・3・452）。

(d) **害悪の主体、客体**

・害悪を加える主体は、恐喝者自身でも第三者でもよい（大判明43・6・7刑録16・1064）。

・害悪の加えられる客体は脅迫を受けた者またはその親族に限られ（脅迫罪）ない。部下が上司の身体に危害が及ぶことを恐れて畏怖し、金員を交付した場合も恐喝罪が成立する（大判大11・11・22刑集1・681）。

② 財産上不法の利益

・恐喝罪にいう財産上不法の利益とは、必ずしも積極的な利得だけにとどまらず、消極的に、しかも一時債務の支払いを免れる場合のように一時的便宜を得ることもこれに含む（広島高松江支判昭43・7・22刑集22・13・1473）。

法律文化社
出版案内
2021年版

■民法テキストシリーズ

ユーリカ民法

田井義信 監修

1 民法入門・総則
大中有信 編   2900円

2 物権・担保物権
渡邊博己 編   2500円

3 債権総論・契約総論
上田誠一郎 編   2700円

4 債権各論
手嶋 豊 編   2900円

5 親族・相続
小川富之 編   2800円

新プリメール民法

〔αブックス〕シリーズ

1 民法入門・総則〔第2版〕2800円
中田邦博・後藤元伸・鹿野菜穂子

2 物権・担保物権法 2700円
今村与一・張 洋介・鄭 芙蓉・
中谷 崇・高橋智也

3 債権総論〔第2版〕 2700円
松岡久和・山田 希・田中 洋・
福田健太郎・多治川卓朗

4 債権各論〔第2版〕 2600円
青野博之・谷本圭子・久保
宏之・下村正明

5 家族法〔第2版〕 2500円
床谷文雄・神谷 遊・稲垣
朋子・且井佑佳・幡野弘樹

新ハイブリッド民法

1 民法総則   3100円
小野秀誠・良永和隆・山田
創一・中川敏宏・中村 肇

2 物権・担保物権法   3000円
本田純一・堀田親臣・工藤
祐巖・小山泰史・澤野和博

3 債権総論   3000円
松尾 弘・松井和彦・古積
健三郎・原田昌和

4 債権各論   3000円
滝沢昌彦・武川幸嗣・花本
広志・執行秀幸・岡林伸幸

ハイブリッド民法5
家族法〔第2版補訂〕3200円
※2021年春〜改訂予定

法律文化社   〒603-8053 京都市北区上賀茂岩ヶ垣内町71 ☎075(791)7131 ᴍ075(721)8400
URL:https://www.hou-bun.com/   ◎本体価格(税抜)

法律

レクチャー法哲学 〔αブックス〕
那須耕介・平井亮輔 編　3200円

子どもの道徳的・法的地位と正義論
●新・子どもの権利論序説　大江 洋　4500円

法思想史を読み解く
●古典／現代からの接近
戒能通弘・神原和宏・鈴木康文　2900円

日本近代家族法史論　村上一博　2900円

憲法を楽しむ　2700円
憲法を楽しむ研究会 編

リーガルリテラシー法学・憲法入門　2100円
浅川千尋

戦後日本憲政史講義　5900円
●もうひとつの戦後史
駒村圭吾・吉見俊哉 編著

憲法入門！市民講座　2200円
大久保卓治・小林直三・奈須祐治・大江一平・守谷賢輔 編

精神障害と人権　横藤田 誠　2700円
●社会のレジリエンスが試される

リベラル・ナショナリズム憲法学　6800円
●日本のナショナリズムと文化的少数者の権利
栗田佳泰

行政法ガールⅡ　大島義則　2300円

現代税法と納税者の権利　7800円
●三木義一先生古稀記念論文集
三木義一先生古稀記念論文集編集委員会 編

地方自治法と住民　2500円
●判例と政策
白藤博行・榊原秀訓・徳田博人・本多滝夫 編著

これからの消費者法　2400円
●社会と未来をつなぐ消費者教育
谷本圭一・坂東俊矢・カライスコス アントニオス

不公正な取引方法と私法理論　5200円
●EU法との比較法的考察　カライスコス アントニオス

民法改正と売買における契約不適合給付
古谷貴之　7800円

ハーグ条約の理論と実務　5200円
●国境を越えた子の奪い合い紛争の解決のために
大谷美紀子・西谷祐子 編著

改正債権法コンメンタール　7000円
松岡久和・松本恒雄・鹿野菜穂子・中井康之 編

傷害保険の約款構造　吉澤卓哉　5800円
●原因事故の捉え方と2種類の偶然性を中心に

職場のメンタルヘルスと法　5800円
●比較法的・学際的アプローチ　三柴丈典

障害法の基礎理論　5400円
●新たな法理念への転換と構想　河野正輝

社会の事象を検証する

◆法学の視点から

入門 憲法学　2000円
憲法原理から日本社会を考える
京都憲法会議 監修／
木藤伸一朗・倉田原志・奥野恒久 編

日本国憲法の基本原理・価値を確認しながら、リアルな憲法状況を考察し、問題にいかに向き合うかを明示する。

◆政治学の視点から

ポリティカル・サイエンス入門
坂本治也・石橋章市朗 編　2400円

政治にまつわる世間一般の俗説・神話を破壊し、政治を分析する際の視座を提示する政治学の入門書。コラムやおススメ文献ガイドも収録。

◆平和学

戦争と
NHKド
日本平和学

戦争と平和を考
NHKドキュメンタ

政治／国際関係／平和学／経済

石橋湛山の〈問い〉　望月詩史
●日本の針路をめぐって　　　6000円

はじめて学ぶEU　井上 淳
●歴史・制度・政策　　　　　2400円

社会はこうやって変える！　2400円
●コミュニティ・オーガナイジング入門
マシュー・ボルトン 著／藤井敦史・大川恵子・
坂無 淳・走井洋一・松井真理子 訳

資源地政学　　　　　　　　2700円
●グローバル・エネルギー競争と戦略的パートナーシップ
稲垣文昭・玉井良尚・宮脇 昇 編

国際行政の新展開　　　　　2800円
●国連・EUとSDGsのグローバル・ガバナンス
福田耕治・坂根 徹

国際平和活動の理論と実践　2400円
●南スーダンにおける試練
井上実佳・川口智恵・田中（坂部）有佳子・山本慎一 編著

ドイツはシビリアンパワーか、普通の大国か？
●ドイツの外交政策と政策理念の危機と革新
中川洋一　　　　　　　　　7700円

核のある世界とこれからを考えるガイドブック
中村桂子　　　　　　　　　1500円

経済政策入門
藤川清史 編 2800円
基礎的な知識の習得と現実の経済政策の動向、問題点を論理的に理解、考察できることをめざした入門書。

平和学のいま　　　　　　　2200円
●地球・自分・未来をつなぐ見取図
平井 朗・横山正樹・小山英之 編

深く学べる国際金融　　　　2400円
●持続可能性と未来像を問う
奥田宏司・代田 純・櫻井公人 編

国際通貨体制の論理と体系　7800円
奥田宏司

一般賠償責任保険の諸課題　6400円
●CGL・保険危機の示唆と約款標準化
鴻上喜芳

◆◯点から

**◯を考える
◯メンタリー**
　　　　　　　2000円

◯和研究・教育
◯ための映像資料
◯して重要なNHK
◯キュメンタリーを厳
◯選し、学術的知見
◯踏まえて概説。

◆社会学の視点から

自分でする
DIY社会学
景山佳代子・白石真生 編　2500円

はじめて社会学を学ぶ人のための実践的テキスト。少しずつ学びを深められ、"社会学する"ことのおもしろさを実感できる。

◆社会福祉の視点から

幸せつむぐ障がい者支援
デンマークの生活支援に学ぶ
小賀 久　　　　　　　　2300円

デンマークにおける障がい者支援の変遷と実際、考え方やしくみを具体的に紹介。支援の本質を究明し、誰もが幸せになるための社会的諸条件を提示。

社会学／社会保障・社会福祉／歴史／教育

共生の思想と作法　笠井賢紀・工藤保則 編
●共によりよく生き続けるために　　4200円

オーストラリア多文化社会論　　3000円
関根政美・塩原良和・栗田梨津子・藤田智子 編著
●移民・難民・先住民族との共生をめざして

よくわかる公的扶助論　増田雅暢・脇野幸太郎 編
●低所得者に対する支援と生活保護制度　2400円

世界の病院・介護施設　加藤智章 編　3600円

独居高齢者のセルフ・ネグレクト研究
●当事者の語り　鄭 熙聖　3800円

日本映画にみるエイジズム　朴 蕙彬
●高齢者ステレオタイプとその変遷　4100円

成年後見制度の社会化に向けたソーシャルワーク実践
●判断能力が不十分な人の自立を目指す社会福
祉協議会の取り組み　香山芳範　2000円

知的障害者家族の貧困　　3600円
●家族に依存するケア　田中智子

保育コーチング　新・保育環境評価スケール[別冊]
●ECERSを使って　ホリー セプロチャ 著／埋橋玲子
監訳／辻谷真知子・宮本雄太・渡邉真帆 訳　2200円

SDGs時代の国際教育開発学　3800円
●ラーニング・アズ・ディベロップメント
ダニエル・A・ワグナー 著／前田美子 訳

戦中・戦後文化論　赤澤史朗　　ファシズム期日本の文化論、社会史、思想史の泰斗である著
●転換期日本の文化統合　6500円　　者の歴史研究を戦中戦後の通史的構成の下に編み直す。

第一部 戦中 ― アジア・太平洋戦争下の国民統合と社会／二 太平洋戦
争期の青少年不良化問題／三 戦時下の相撲界―笠置山とその時代
第二部 戦後・占領期編 四 戦後・占領期の社会と思想／五 出版界の戦争責
任と情報課長ドン・ブラウン／六 占領の傘の下で―占領期の『思想の科学』
／七 占領期日本のナショナリズム―山田風太郎の日記を通して
第三部 転換期日本の文化 八 戦中・戦後のイデオロギーと文化／補(一) 書
評 鶴見俊輔『戦時期日本の精神史』
第四部 象徴天皇制論 九 藤田省三の象徴天皇制論／補(二) 近年の象徴
天皇制研究と歴史学

改訂版

法学部入門〔第3版〕吉永一行 編　2100円
●はじめて法律を学ぶ人のための道案内

アソシエイト法学〔第2版〕　　3100円
大橋憲広・後藤光男・関 哲夫・中谷 崇

法学への招待〔第2版〕　　2900円
●社会生活と法　髙橋明弘

立法学〔第4版〕　　4000円
●序論・立法過程論　中島 誠

18歳から考える人権〔第2版〕宍戸常寿 編 2300円

アクチュアル行政法〔第3版〕　3100円
市橋克哉・榊原秀訓・本多滝夫・稲葉一将・山田健吾・平田和一

民法総則〔改題補訂版〕　髙森八四郎　2700円

新・消費者法これだけは〔第3版〕　2500円
杉浦市郎 編

ハイブリッド刑法総論〔第3版〕　3300円
松宮孝明 編

WTO・FTA法入門〔第2版〕　　2400円
●グローバル経済のルールを学ぶ
小林友彦・飯野 文・小寺智史・福永有夏

新・ケースで学ぶ国際私法　3200円
野村美明・高杉 直・長田真里 編著

レクチャー社会保障法〔第3版〕　3000円
河野正輝・江口隆裕 編

生活リスクマネジメントのデザイン〔第2版〕2200円
●リスクコントロールと保険の基本　亀井克之

新・図説 中国近現代史〔改訂版〕　3000円
●日中新時代の見取図
田中 仁・菊池一隆・加藤弘之・日野みどり・岡本隆司・梶谷 懐

第**6**章 横 領 罪

I 横 領 罪

概　要

（横領）
第252条1項　自己の占有する他人の物を横領した者は、5年以下の懲役に処する。
2項　自己の物であっても、公務所から保管を命ぜられた場合において、これを横領した者も、前項と同様とする。

〈要　件〉
1　自己の占有する他人の物（1項）
　　公務所から保管を命ぜられた自己の物（2項）
2　横領
3　故意・不法領得の意思

定義と具体的適用例

■1 自己の占有する他人の物

（1）物

- ・物は、窃盗罪の客体である「財物」と同義である（有体物・管理可能な物）。

- ・245条の準用はない。

- ・動産のみならず、不動産も含まれる（通説・判例）。

- ・債権のような権利や利益は本罪の客体にならない。

　＊債券証書を委託により保管する物が、債権を行使して債務者から金銭を取得しても、横領罪は成立しない（大判明42・11・25刑録15・1672）。

（2）自己の「占有」

・「占有」には、事実的支配のみならず、法律的支配も含む（大判大4・4・9刑録21・457）。

【法律的支配が肯定された例】

・不動産の登記名義人（大判明44・2・3刑録17・33、最判昭30・12・26刑集9・14・3053など）

・抵当権設定のために他人の土地の登記済証、白紙委任状を預かり保管している者（福岡高判昭53・4・24判時905・123）。

・村の基本金を銀行に預け入れて保管する村長（大判大1・10・8刑録18・1231）。

・倉荷証券・船荷証券の所持者（大判大7・10・19刑録24・1275）。

（3）委託（信任）関係

・自己の占有は、委託に基づくことが必要である（東京高判昭25・6・19高刑集3・2・227など）。

・委託物横領罪と遺失物等横領罪を区別するために必要な要件（書かれざる構成要件要素）。

　　＊誤配送された郵便物（大判大6・10・15刑録23・1113）の場合、遺失物等横領罪が成立する。

・委託関係の発生原因は、使用貸借、賃貸借、委任、寄託、雇用等の契約を基礎とするのが一般的であるが、事務管理や後見あるいは慣習・条理をも基礎として認められる（通説）。

（4）他人の物

・委託信任関係に基づく占有物は、公務所より保管を命ぜられている場合を除き、「他人の物」であることを要する。

・「他人の」とは、行為者以外の自然人または法人の所有に属するという意味。

(a) 共　有

　　他人の物には、共有物も含まれる（大判明44・4・17刑録17・587など。）

(b) 売　買

　　・動産および不動産の売買においては、売買契約の締結によって目的物の
　　　所有権は買主に移転する（民176条）。
　　・二重売買の場合、横領罪が成立する（通説・判例。動産について、大判明
　　　30・10・29刑録3・9・139、不動産について、最判昭30・12・26刑集9・14・
　　　3053）。

(c) 割賦販売

　　・売買契約締結後であっても、原則として代金完済までは売主に所有権が
　　　留保されるから（割賦販売法7条）、代金完済前に買主がそれを処分する
　　　行為は横領にあたる（最決昭55・7・15判時972・129）。

(d) 譲渡担保

　　・譲渡担保とは、債務者が債務の担保として、目的物の所有権を債権者に
　　　移転するという形をとり、債務の完済があった場合には、その物の所有
　　　権を債務者に戻す方法のことをいう。
　　・古い判例は、所有権が債務者から債権者に対して、「外部的にのみ移転」
　　　する類型（第三者に対する関係において所有権が移転し、当事者間では移転し
　　　ない）と「内外部とも移転」する類型（内部的にも所有権は移転し、ただ一
　　　定の限度を超えてその権利を行使してはならないことを譲渡担保権者に負担させ
　　　る）とに区別して、前者の場合、弁済期前に債権者が目的物を他に売却
　　　した行為は横領にあたり（大判昭11・3・3022刑集15・396）、後者の場
　　　合、債務者が目的物を他に売却する行為は横領罪にあたる（名古屋高判
　　　昭25・6・20高刑判特11・68としている）。
　　・譲渡担保として土地の所有名義を得た債権者が、弁済期前に自己の債務
　　　のためにこれに抵当権を設定した事案につき、背任罪の成立を認めた
　　　（大阪高判昭55・7・29判時992・131）。

(e) 　委託された金銭

・民法上、金銭の所有権は占有とともに移転し、占有と所有権の所在とは常に一致するものと解されていることから、委託された金銭については、受託者に所有権があり、委託物横領罪はおよそ成立しないことになるのかが問題となる。

(i) 　封金のように、特定物として委託された金銭
　　⇒金銭の所有権は委託者（横領罪肯定）

(ii) 　費消を許す趣旨で委託された金銭
　　⇒金銭の所有権は受託者（横領罪不成立）

(iii) 　使途を定めて委託された金銭
　　⇒金銭の所有権は委託者。したがって、製茶の買い付けの依頼を受けた者が、預かった金銭を費消してしまった場合、「他人の物」を横領したにあたる（最判昭26・5・25刑集5・6・1186）。

【その他】

・委託を受けて集金した金銭（横領罪肯定。大判大11・1・17刑集1・1）。

・債権取立ての委託を受けて取り立てた金銭（横領罪肯定。大判昭8・9・11刑集12・1599）。

・物の売却を委託された者が売却により得た代金（横領罪肯定。最決昭28・4・16刑集7・5・915）。

(f) 　不法原因給付物

・不法な原因のために給付した者は給付物の返還請求をすることができない（民708条）。

・贈賄のために預かった金員を保管中に自己のモルヒネ買入代金等に費消した場合（横領罪肯定。最判昭23・6・5刑集2・7・641）。

・不法原因給付を限定的に解して、不法な目的に基づいて物を寄託するのは不法原因給付にあたらず（不法原因寄託）、所有権は寄託者に残るから、受寄者が寄託物を不法に処分する行為には、委託物横領罪が成立すると解する見解も主張されている（林151頁以下、西田262頁）。

(8) 盗品処分あっせん者による売却代金

　　・窃盗犯人から盗品等の処分を依頼され、その売却代金を着服した場合（横領罪肯定。最判昭36・10・10刑集15・9・1580）。

❷ 横　領

（1）定 義 等

　　・実行行為は、物の「横領」である。

　　・横領とは、不法領得の意思を実現する一切の行為をいう（領得行為説。通説・判例。大判昭8・7・5刑集12・1101、最判昭27・10・17裁判集刑68・361）。

　　　　　⇒物の隠匿も横領行為にあたりうることになる（大判大2・12・16刑録19・1444）。

　　・その他、横領とは、委託の趣旨に反した権限逸脱行為をいうとする見解（越権行為説）や、委託の趣旨（権限）を逸脱した不法領得の意思の発現行為をいうとする見解（越権的領得行為説）も主張されている。

　　・横領行為とは、具体的には、売買、贈与、質入れ、費消、着服、拐帯、抑留などのほか、抵当権の設定（最判昭34・3・13刑集13・3・310）も含まれる。抵当権設定契約があったかのように仮装して建物に抵当権設定の仮登記をしたことが横領行為にあたるとしたものとして、最決平21・3・26刑集63・3・291がある。

　　・抵当権設定後にさらに同一の不動産を売却した場合、売却行為についても横領が肯定される（横領後の横領。最判平15・4・23刑集57・4・467）。

（2）既遂時期

　　・不法領得の意思が外部的行為によって確定的に現れた時点で既遂になるとされている。

　　・不法領得の意思を外部に発現させる行為があった場合には既遂になり、動産売却の意思表示を行えば、委託物横領罪は既遂となり、情を知る売却の相手方には盗品等有償譲受け罪が成立する（大判大2・6・12刑録19・714）。

　　・他人の物を自己の所有物であるとして民事訴訟を提起し、又は提起され

た民事訴訟において自己の所有権を主張し抗争すれば委託物横領罪が成立する（大判昭 8・10・19刑集12・1828、最判昭25・9・22刑集 4・9・1757、最決昭35・12・27刑集14・14・2229）。

・不動産については、移転登記完了により確定的に所有権侵害が生じたとされ、既遂が肯定される。

❸ 不法領得の意思

（1）定　　義

　　他人の物の占有者が委託の任務に背いて、その物につき権原がないのに所有者でなければできないような処分をする意志（思）（最判昭24・3・8刑集 3・3・276）。

（2）毀棄・隠匿の意思

・公文書を持ち出して隠匿した場合（横領罪肯定。大判大 2・12・16刑録19・1440等）。

・効用の享受意思を欠く、毀棄・隠匿意思の場合を含めることには疑問が提起されている（西田264頁、山口307頁）。

（3）一時使用の意思

・許諾を受けた使用目的終了後、返却することなく数日間乗り回していた場合（横領罪肯定。大阪高判昭46・11・26高刑集24・4・741）。

・会社の秘密資料を社外でコピーを作成する目的で持ち出した場合（横領罪肯定。東京地判昭60・2・13判時1146・23）。

（4）補填意思

・農業会長が、政府に対する供出米を農家から寄託され保管中に、政府に供出する以前に保管米を一時流用した場合（業務上横領罪肯定。最判昭24・3・8刑集 3・3・276）。

・債権取立てにより受領した金銭を一時流用した場合（横領罪肯定。東京高判昭31・8・9裁特 3・17・826。もっとも、遅滞なく補填する意思があり、い

つでも補填できる資力がある場合には、違法性を欠き、委託物横領罪は成立しないことも認めている）。

・学説では、確実な補填の意思・能力がある場合、委託物横領罪は成立しないと解する見解が有力である（大谷304頁、西田266頁など）。

（5）第三者に取得させる意思

・第三者に取得させる意思の場合にも、不法領得の意思を肯定している（通説。大判明44・4・17刑録17・605、大判大12・12・1刑集2・895など）。

・自己と全く無関係な第三者に取得させる場合には、背任罪・毀棄罪になりえても、委託物横領罪は成立しないと解する見解も有力に主張されている（西田265頁）。

（6）委託者・所有者本人のためにする意思

委託物の処分が専ら本人（委託者・所有者）のために行われた場合、不法領得の意思が否定されるから、横領にはあたらない。

【横領罪 否定例】

・寺の住職が寺の建設費に充てる目的で什物を処分した場合（大判大15・4・20刑集5・136）。

・農業協同組合長が組合資金を定款外の営業に支出した場合（最判昭28・12・25刑集7・13・2721）。

・労働争議の手段として、集金した金銭を会社に納入せず、組合側で一時保管の意味で預金する、納金ストの場合（最判昭33・9・19刑集12・13・3047）。

【横領罪 肯定例】

会社の経理部長らが、自社の株式を買い占めた仕手集団に対抗するため、会社のために保管していた裏金を、第三者に支出し妨害を依頼した場合について、もっぱら会社のためになされたものとは認められないとして、横領罪を認めたものがある（最決平13・11・5刑集55・6・546）。

重要判例

❶ 不動産の二重売買と横領

福岡高判昭47・11・22刑月4・11・1803、判タ289・292

〔事実の概要〕

被告人は、山林の所有権が、登記簿上の所有名義とは異なり、Aに移転していることを知り、Aにその売却方を交渉したが、にべなく断られた。そこで、登記簿上の所有名義がPにあることを利用して、Pの相続人Qから山林を取得しようと企て、昭和45年12月頃から再三にわたりQ宅を訪れ、同人および家族の者らに対し、山林の売渡方を申し入れ、同人が山林は父（P）の代に借金のかたにAの先代にやったものであるから売ることはできない旨述べて拒絶したにもかかわらず、法的知識に疎く、経済的にも困っていた同人に対し、執拗かつ言葉巧みに働きかけ、翌年3月下旬頃、ついに同人をして山林を売却しても、裁判沙汰になるようなことはなく、万一そのようなことになっても被告人が引き受けてくれるものと誤信させて、山林を被告人に売却することを承諾させ、同人から山林を代金10万円で買い受けたうえ、これをRに直ちに代金28万4000円で転売し、中間省略の方法により同人名義の所有権移転登記を経由した。

原判決は、被告人に対して、Qとの横領罪の共同正犯の成立を認めたが、被告人が控訴し、弁護人は、被告人はいわゆる背信的悪意者ではなく、最高裁判決（最判昭和31.6.26）の趣旨に徴しても、本件所為は横領罪の共犯になるものではないと主張した。

〔判　旨〕　公訴棄却（確定）

「二重譲渡の場合、売主である前記Qの所為が横領罪を構成することは明らかであるが、その買主については、単に二重譲渡であることを知りつつこれを買受けることは、民法第177条の法意に照らし、経済取引上許された行為であつて、刑法上も違法性を有しないものと解すべきことは、所論のとおりである。しかしながら本件においては、買主たる被告人は、所有者Aから買取ることが困難であるため名義人Pから買入れようと企て、前叙のとおり単に二重譲渡になることの認識を有していたのに止まらず、二重譲渡になることを知り

つつ敢て前記Qに対し本件山林の売却方を申入れ、同人が二重譲渡になることを理由に右申入れを拒絶したのにもかかわらず、法的知識の乏しい同人に対し、二重譲渡の決意を生ぜしめるべく、借金はもう50年以上たつているから担保も時効になつている、裁判になつても自分が引受けるから心配は要らない等と執拗且つ積極的に働きかけ、その結果遂に同人をして被告人に本件山林を二重譲渡することを承諾させて被告人と売買契約を締結するに至らしめたのであるから、被告人の本件所為は、もはや経済取引上許容されうる範囲、手段を逸脱した刑法上違法な所為というべく、右Qを唆かし、更にすすんで自己の利益をも図るため同人と共謀のうえ本件横領行為に及んだものとして、横領罪の共同正犯としての刑責を免れないものというべきである。もし所論のように、このような場合にも買主に横領罪の共犯が成立しないものとすれば、買主の積極的な働きかけによつて遂に横領の犯意を生じた売主のみが一人横領罪として処罰されることとなり、刑法的評価のうえで余りにも衡平を失することとなるのであつて、所論引用の最高裁判所昭和29年（あ）第1、447号昭和31年6月26日第三小法廷判決は、本件と事案を異にし、本件に適切ではない。」

2 横領後の横領

最判平15・4・23刑集57・4・467

〔事実の概要〕

甲は、宗教法人責任役員であり、委任を受けて不動産等の資産を保管、管理する業務に従事していたものである。平成4年4月30日、A所有の土地1を代金1億324万円でBに売却して所有権移転登記手続を完了し、平成4年9月24日、A所有の土地2をCに代金1500万円で売却して所有権移転登記手続を完了したとして、業務上横領罪で起訴された。

これらの売却に先立ち、甲は、土地1については、昭和55年4月11日、極度額2500万円の根抵当権を設定してその旨の登記を了し、その後、平成4年3月31日、債権額4300万円の抵当権を設定してその旨の登記を了し、また、土地2については、平成元年1月13日、債権額3億円の抵当権を設定してその旨の登記を了していた。

弁護人は、これらの抵当権設定行為によってすでに業務上横領罪が成立して

いるから、その後に行われた甲の売却行為は、不可罰的事後行為であって同罪の成立は認められない、と主張した。

〔判　旨〕　上告棄却

「委託を受けて他人の不動産を占有する者が、これにほしいままに抵当権を設定してその旨の登記を了した後においても、その不動産は他人の物であり、受託者がこれを占有していることに変わりはなく、受託者が、その後、その不動産につき、ほしいままに売却等による所有権移転行為を行いその旨の登記を了したときは、委託の任務に背いて、その物につき権限がないのに所有者でなければできないような処分をしたものにほかならない。したがって、売却等による所有権移転行為について、横領罪の成立自体は、これを肯定することができるというべきであり、先行の抵当権設定行為が存在することは、後行の所有権移転行為について犯罪の成立自体を妨げる事情にはならないと解するのが相当である。

このように、所有権移転行為について横領罪が成立する以上、先行する抵当権設定行為について横領罪が成立する場合における同罪と後行の所有権移転による横領罪との罪数評価のいかんにかかわらず、検察官は、事案の軽重、立証の難易等諸般の事情を考慮し、先行の抵当権設定行為ではなく、後行の所有権移転行為をとらえて公訴を提起することができるものと解される。また、そのような公訴の提起を受けた裁判所は、所有権移転の点だけを審判の対象とすべきであり、犯罪の成否を決するに当たり、売却に先立って横領罪を構成する抵当権設定行為があったかどうかというような訴因外の事情に立ち入って審理判断すべきものではない。」

そうすると、抵当権を設定して、それぞれその旨の登記を了していたことは、「その後被告人がこれらの土地を売却してその旨の各登記を了したことを業務上横領罪に問うことの妨げになるものではない」。売却行為に業務上横領罪の成立を認めた原判決の結論は、正当である。以上の次第で、刑訴法410条2項により、本件引用判例を当裁判所の上記見解に反する限度で変更し、原判決を維持するのを相当と認める。

判断基準と考え方

1 本条の趣旨

　「横領の罪」（第2編第38章）は、他人の占有に属さない他人の財物、または公務所より保管を命ぜられている自己の財物を不法に領得する犯罪である。横領の罪は、①横領罪（252条）、②業務上横領罪（253条）、③遺失物等（占有離脱物）横領罪（254条）の各罪から構成されている。①と②は委託に基づいて占有する物を横領する罪であり、③との対比において、①と②を総称して委託物横領罪と呼ばれる。委託物横領罪は、自己の占有する他人の物を不法に領得する犯罪であるとともに、物を委託した者と委託された者との間の委託関係を侵害するところにもその本質が認められる点において、背任罪（247条）と共通性を有する。横領の罪は、他人の占有を侵害しない点において、窃盗および強盗の罪や、詐欺および恐喝の罪の奪取罪からは区別される。

　横領の罪の保護法益は、物の所有権である（2項は、公務所から保管を命じられた自己の物である）。賃借権や質権を侵害したとしても、横領罪は成立しない（質権者から質物の保管を依頼された者が、ほしいままにこれを所有権者たる債務者に返還した事案について、大判明44・10・13刑録17・1698）。委託物横領罪は、法文に書かれていない要件としての「委託関係」を要するが、委託関係が副次的な保護法益であるか否かは争われている。

　横領の罪のいずれの罪についても、未遂を処罰する規定は置かれていない。

2 主　体

　委託に基づき他人の物を占有する者、または公務所から保管を命じられて自己の物を占有する者である。本罪は、身分犯である（最判昭27・9・19刑集6・8・1083）。

3 物

　「物」とは、財物を意味する。その意義は、窃盗罪などの「財物」と同じであるが、動産のほか、不動産も含まれる（通説・判例）。本罪には245条の規定が準用されていないので、有体物説によれば、電気は本罪の客体にはならない。

❹ 占　　有

　横領罪にいう「占有」とは、窃盗の罪や強盗の罪など奪取罪における占有よりも広く、事実上または法律上、物に対する支配力を有する状態をいう（大判大4・4・9刑録21・457）。横領罪において法律上の物に対する支配力が含まれるのは、排他力にあるのではなく、濫用のおそれのある支配力（団藤635頁）、あるいは、所有権侵害をなしうる地位、すなわち処分可能性（山口288頁）・外見上有効に処分しうる地位（松原313頁）が問題となるからである。

　具体的には、他人から預かった金銭を銀行に自己名義で預金した者には、その占有が属する（大判大7・10・19刑録24・1274）。同様に、貨物引換証や倉庫証券等の物権的有価証券を保有する者は、その物品の占有をもつことになる（大判大7・10・19刑録24・1274）。さらに、登記済の不動産についても、登記簿上の名義人にその占有が認められている（最判昭30・12・26刑集9・14・3053。ただし、未登記の不動産については、適法な権限に基づいて現実に使用管理する者に占有があるとされる。最判昭30・4・5刑集9・4・645）。

❺ 委託（信任）関係

　占有は、物の所有者その他の権限者からの委託に基づくものでなければならない（大判大6・10・15刑録23・1113、東京高判昭25・6・19高刑集3・2・227）。「委託に基づく」占有は、横領罪（252条）や業務上横領罪（253条）の文言にはないが、占有離脱物横領罪（254条）との対比から、要求される「書かれざる構成要件要素」である。物の所有者と占有者との委託関係は、使用貸借、寄託、委任、雇用、売買等の契約を基礎とするほか、事務管理（東京高判昭46・2・16判時636・92）や後見のように法律規定から生ずる場合もある。委託関係は、事実上の関係があれば足り、委託者が法律上の目的物の保管を受託者に委託する権限を有するかどうか、受託者が法律上受託の権限を有するかどうかを問わない（大判明36・4・10刑録9・528）。

❻ 他人の物

　委託関係に基づく占有物は、公務所より保管を命じられている場合を除いて、「他人の物」であることを要する。「他人の物」とは、行為者以外の自然人

または法人の所有物を意味する。当該物が、他人の所有に属しているか否かの問題であるから、原則として、民法をはじめとする私法に従うべきということになるが、刑法上、「他人の」物か否か、例えば、共有、売買、委託された金銭や不法原因給付の場合において、問題とされている。

▇ 横領の意義

横領の意義に関しては、領得行為説と越権行為説とが対立している。

領得行為説は、自己の不法領得の意思を実現する一切の行為を横領とする見解（判例・通説）である。これに対して、越権行為説は、委託の趣旨に反し占有物に対し権限を越えた処分をする行為と解する見解である。本説によれば、他人の物を不法に処分する行為のうち、「権限を越えた」行為（越権行為）だけが横領行為となる。本説は、不法領得の意思を不要と解し、権限を越えた行為が横領となることから、例えば、一時的な無断使用、毀棄・隠匿を目的とする処分や、委託者本人のためにするものでも、横領罪が成立することになる。したがって、一般的には、越権行為説の方が、領得行為説よりも横領罪の成立範囲は広くなるということはできる。

もっとも、領得行為説によるとしても、不法領得の意思をどのように理解するかによって、横領罪の成立範囲は異なってくる。毀棄・隠匿の意思も不法領得の意思に含めるとすれば、越権行為説との差異はあまりなく、毀棄・隠匿行為にも横領を肯定することになりうる。判例は、横領罪における「不法領得の意思」を「他人の物の占有者が委託の任務に背いて、その物につき権限がないのに所有者でなければできないような処分をする意志」（最判昭24・3・8刑集3・3・276）と定義しており、市の助役が他人と共謀して自己の保管している公文書を市役所外に帯出し隠匿した事案について、横領罪の成立を認めたものがある（大判大2・12・16刑録19・1440）。近年、横領とは、「権限を越えた」「不法な領得」であるとする見解も主張されているが、領得行為説との相違は定かではないという指摘がなされている。

▇ 不法領得の意思

判例は、横領罪の成立には不法領得の意思を必要と解しており、「他人の物

の占有者が委託の任務に背いて、その物につき権限がないのに所有者でなければできないような処分をする意志」と定義している（最判昭24・3・8刑集3・3・276）。窃盗罪における不法領得の意思との相違は、まず、「権利者を排除して」に代わって「委任の任務に背いて」となっている点、さらに、「経済的用法に従い」という限定が付されていない点にある。横領罪における不法領得の意思は、毀棄・隠匿の意思、補塡の意思、第三者に取得させる意思や委託者・所有者本人のためにする意思がある場合等において問題となる。

9 既遂・未遂

　横領の罪には、未遂処罰規定は存在しない。横領の罪は、不法領得の意思が外部に発現された行為がなされれば直ちに既遂になり、未遂を観念しえないといわれている（反対説あり）。

10 共　犯

　他人の物を占有する者に、占有者でない者が加功してその物を横領した場合は、刑法65条1項によって共犯とするのが通説・判例（最判昭27・9・19刑集6・8・1083）である。二重売買の場合に問題となるが、第2の買主が「単なる悪意」に基づいて当該不動産を買い受けたとしても、民法上適法に所有権を取得することになるので、横領罪の共犯とならない（最判昭31・6・26刑集10・6・874参照）。もっとも、第2の買主が、いわゆる「背信的悪意者」であり、民法177条の「第三者」にあたらないときには、横領罪の共犯が成立すると解されている（福岡高判昭47・11・22判タ289・292）。

11 横領後の横領（横領物の横領）

　「横領後の横領」とは、他人の物を委託（信任）関係に基づき占有する者が、その物を横領した後に同一物を再度横領した場合に、再度の横領行為を横領罪として処罰できるかという問題をいう。かつて判例は、再度の不法処分は不可罰的事後行為であって、横領罪は成立しない旨明らかにしていた（大判明43・10・25刑録16・1745、さらに、最判昭31・6・26刑集10・6・874も参照）。しかし、最高裁は、明示的に判例変更を行い、自己が管理する他人の不動産を第三者に

売却等し所有権移転登記をしたが、それに先行して当該不動産に無断で抵当権を設定し登記をしていたという事案において、「売却等による所有権移転行為について、横領罪の成立自体は、これを肯定することができるというべきであり、先行の抵当権設定行為が存在することは、後行の所有権移転行為について犯罪の成立自体を妨げる事情にならない」という注目すべき判断を下した（最判平15・4・23刑集57・4・467）。

II　業務上横領罪

概　要

（業務上横領）
第253条　業務上自己の占有する他人の物を横領した者は、10年以下の懲役に処する。

〈要　件〉
1　業務上自己の占有する他人の物
2　横領
3　故意・不法領得の意思

定義と具体的適用例

業務上自己の占有する他人の物

・一般に、業務＝社会生活上の地位に基づいて反復・継続して行う事務

・本罪における「業務」＝委託を受けて他人の物を占有・保管することを内容とする事務

・業務の根拠は、法令によると、契約によるとまた慣例によるとを問わない（最判昭25・3・24裁判集刑16・895。民生委員の給与品伝達の担当事務は業務にあたる）。

・職業または職務として行われる必要はなく（大判大6・12・3刑録23・1470）、報酬、利益を目的とするものであることを要せず、生活の手段として行われる必要もない（大判明45・3・4刑録18・244）。

・本務であると兼務であるとを問わず、他人に代わって事実上行う事務でも

よい（最判昭23・6・5刑集2・7・647）。

・本来の事務に付随する事務でもよい（大判大11・5・17刑集1・282）。

・自己のための事務であると、他人のための事務であるとを問わない（大判明42・6・3刑録15・682）。

・業務者であっても、業務外で占有している物は、本罪の客体とならない。

・業務の範囲を逸脱する物は、本罪の客体にならない。

判断基準と考え方

1 本条の趣旨

本罪は、業務上他人の物を占有する者を主体とするもので、横領罪（252条）の加重類型である。刑の加重根拠については、本罪は、性質上、法益侵害の範囲が広く、社会の信用を著しく侵害し、頻発のおそれも大きいとみる見解（大判大3・6・17刑録20・1245、大判昭13・3・9刑集17・181、大塚308頁、中森167頁など）や、業務者であることによる責任非難の重大さに求める見解（大谷316頁など）が主張されている。

2 主　体

他人の物を業務上占有する者である。他人の物の占有者であるとともに、業務者でもあるという点において、本罪は、二重の身分犯である。

3 共犯と身分

本罪の主体でない者が、業務上他人の物を占有する者の横領行為に加功した場合等において、刑法65条1項、2項の適用の問題が生じる（最判昭25・9・19刑集4・9・1664、最判昭32・11・19刑集11・12・3073を参照せよ）。

Ⅲ　遺失物等横領罪

概　要

（遺失物等横領）
第254条　遺失物、漂流物その他占有を離れた他人の物を横領した者は、１年以下の懲役又は10万円以下の罰金若しくは科料に処する。

〈要　件〉
1　遺失物、漂流物その他占有を離れた他人の物
2　横領
3　故意・不法領得の意思

定義と具体的適用例

占有を離れた他人の物

（1）占有離脱物＝遺失物、漂流物その他占有を離れた物

・「遺失物」＝占有者の意思によらないで、その占有を離れ、いまだ誰の占有にも属さない物

・「漂流物」＝占有離脱物のうち、水面または水中に存在する物。

・法文に規定されている遺失物・漂流物は、占有離脱物の例示にすぎない。

・「占有を離れた物」（占有離脱物）

占有者の意思に基づかずにその占有を離れ、いまだ誰の占有にも属していない物、または委託信任関係に基づかずに行為者の占有に属する物

【具体例】

・過誤によって支払を受けた金銭（大判明43・12・２刑録16・2129）。

・村役場に納税に来た人が事務所内に置き忘れた十円紙幣３枚（大判大２・８・19刑録19・817）。

・誤配達された郵便物（大判大６・10・15刑録23・1113）。

・列車内の乗客の忘れ物（大判大10・6・18刑録27・545、大判大15・11・２刑集５・491等）。

（2）他人の物＝他人の所有物

- ・他人の所有に属する物であれば足り、その所有権の帰属が明らかである必要はない（最判昭25・6・27刑集4・6・1090）。
- ・無主物は、本罪の客体ではない。

【具体例】

- ・ゴルフ場の人工池にあるロストボールはゴルフ場の所有に属する（窃盗罪肯定。最決昭62・4・10刑集41・3・221）。
- ・生け簀から逃げ出した養殖色鯉はその回収が困難であるとしても飼養主の所有に属する（遺失物等横領罪肯定。最決昭56・2・20刑集35・1・15）。
- ・古墳内の埋蔵物も所有者不明の「他人の物」にあたる（遺失物等横領罪肯定。大判昭8・3・9刑集12・232）。

判断基準と考え方

本条の趣旨

　本罪は、他人の占有に属さない物を領得する犯罪である。所有権のみを侵害する犯罪であり、占有の侵害や委託関係の侵害を伴わない、最も単純な領得罪である。占有の侵害を伴わない点において、委託物横領罪（252条・253条）と共通性を有するが、委託関係を前提としない点において、それと異なる性質を有している。

背任罪

概　要

（背任）
第247条　他人のためにその事務を処理する者が、自己若しくは第三者の利益を図り又は本人に損害を加える目的で、その任務に背く行為をし、本人に財産上の損害を加えたときは、5年以下の懲役又は50万円以下の罰金に処する。

〈要　件〉
1　他人のためにその事務を処理する者（事務処理者）
2　任務違背
3　財産上の損害
4　故　意
5　自己若しくは第三者の利益を図る目的（図利目的）
　　本人に損害を加える目的（加害目的）

⇒未遂の処罰（250条）

定義と具体的適用例

■ 他人のためにその事務を処理する者

（1）総　説
　　・他人のためにその事務を処理する者＝事務処理者（主体・真正身分犯）
　　・他人＝行為者に事務処理を委託した者＝本人
　　　自然人のほか、法人、法人格のない団体、国・地方公共団体を含む。

（2）他人の事務
　　・背任罪の主体となる者が、本人（事務処理の委託者）から、事務処理について委託されたことが必要である。

・委託関係は、法令、契約、慣習（大判大3・4・10刑録20・498）、事務管理（大判大3・9・22刑録20・1620）などによって生じる。

・委託された事務処理に関する権限は、独立して行使しうる場合だけでなく、単なる事実上の補助者として権限行使に関わる場合でもよい（大判大4・2・20刑録21・130など）。

・自己が直接担当する事務に関するものでない限り、会社の就業規則に違反していても、背任罪は成立しない（神戸地判昭56・3・27判時1012・35）。

【他人の事務】・【自己の事務】

・売買契約等において、債務の履行は「自己の事務」であって、「他人の事務」ではないから、背任罪の主体とはならないとされる。

・二重抵当（最判昭31・12・7刑集10・12・1592）　→　「他人の事務」

「抵当権設定者はその登記に関し、これを完了するまでは、抵当権者に協力する任務を有することはゆうまでもないところであり、右任務は主として他人である抵当権者のために負うもの」として、背任罪の成立を肯定した。

（3）事務の種類

・事務は、財産上の事務に限る（通説）。

・事務は、公的事務か私的事務かは問わない。

2 任務違背

・本罪の行為は、「任務に背く行為」（任務違背行為・背任行為）である。

・任務違背行為　本人からの信任委託の趣旨に反する行為

　　　　　　　　誠実な事務処理者としてなすべきものと法的に期待されるところに反する行為（背信説）

・任務違背行為は、法律行為でも、事実行為でもよい。

・任務違背の有無の判断　処理すべき事務の性質や内容等の具体的事情に照らして、法令・通達、定款、内規、契約の内容などが重要な基準となる。

【事実行為の例】

- 債務者に対してその差し入れた担保物を不法に返還した行為（大判大
13・11・11刑集 3・766）
- 運送業者が貨物引換証と引換えでなく運送品の引渡しをした行為（大判
昭 7・11・24刑集11・1703）
- プログラミングを担当する会社員が、自らが独自に販売するコンピュー
ターに会社のプログラミングを無断で入力した行為（東京地判昭60・3・
6 判時1147・162）

【任務違背行為の例】（上記以外）

- 無担保または十分な担保を得ない不良貸付（最決昭38・3・28刑集17・
2・166）
- 粉飾決算（大判昭 7・9・12刑集11・1317）
- 村長が給与所得者に対する村民税の所得割の賦課徴収に際し、村条例に
反する過小な賦課徴収行為（最決昭47・3・2 刑集26・2・67）
- 町村長・公共組合の理事長などが、その保管する公金を不当に貸し付ける
行為（大判昭 8・3・16刑集12・275、大判昭 9・7・19刑集13・983）など、多様。

3 財産上の損害

- 背任罪は、財産上の損害が生じることによって既遂に達する。
- 財産上の損害　経済的見地において本人の財産状態を評価し、行為によっ
て、本人の財産の価値が減少したとき、または増加すべかりし価値が増加
しなかったときをいう（最決昭58・5・24刑集37・4・437）。
- 回収の見込みのない不良貸し付けの場合　貸金債権を取得するため、返済
期が到来して回収不能になるまで財産上の損害がないようにみえるが、そ
の回収が不能または困難な場合、経済的見地からは、貸し付けの段階にお
いてすでに財産上の損害は生じている。

4 故　　意

- 事務処理者、任務違背行為や財産上の損害の発生の認識・認容が必要

・自己の行為が任務の本旨にかなったものと考えて行動した場合、背任罪の故意が欠けることになる（大判大3・2・4刑録20・119）。
・背任罪が目的犯であることを理由に、少なくとも確定的認識が必要であるとする見解（大谷333頁）が主張されているが、未必的認識で足りる（通説）。
・財産上の損害の発生の認識についても、確定的認識・意欲が必要であるとする見解（団藤655頁）が主張されているが、未必的認識で足りる（大判大13・11・11刑集3・788）。

5 図利加害目的

・図利加害目的
　　自己の利益を図る目的（自己図利目的）
　　第三者の利益を図る目的（第三者図利目的）
　　本人に損害を加える目的（本人加害目的）
・本人図利目的の場合　背任罪否定（大判大3・10・16刑録20・1867等参照）
・図利加害目的と本人図利目的が併存する場合、これらの間の主従関係を判断し、本人の利益を図る目的が主たる動機だったといえる場合のみ、図利加害目的は否定される（大判昭7・9・12刑集11・1317）。
・図利加害目的における「利益」・「損害」　財産上のものに限らない（通説・判例）「所謂自己ノ利益ヲ図ル目的トハ身分上ノ利益其他総テ自己ノ利益ヲ図ル目的ナルヲ以テ足レリトシ必スシモ其財産上ノ利益ヲ図ル目的ナルコトヲ要セス」（大判大3・10・16刑録20・1867）

重要判例

背任罪における「事務処理者」の意義

最判昭31・12・7刑集10・12・1592
〔事実の概要〕
　被告人は、昭和27年5月末頃、Aとの間に自己所有にかかる木造家屋1棟建坪21坪7合5勺につき極度額を金20万円とする根抵当権設定契約を締結して、

同人に抵当権設定登記に必要な書類を交付したが、Aにおいて未だ登記を完了していないことを知りながら、自己の利益を図る目的をもって、昭和27年9月27日頃、B方において同人から金20万円を借り受けるにあたり、同一家屋につき極度額を金20万円とする第1順位の根抵当権設定契約を締結してこれを登記し、Aの抵当権をして後順位の抵当権にさせた。

〔判　旨〕　上告棄却

「抵当権設定者はその登記に関し、これを完了するまでは、抵当権者に協力する任務を有することはいうまでもないところであり、右任務は主として他人である抵当権者のために負うものといわなければならない。」「抵当権の順位は当該抵当物件の価額から、どの抵当権が優先して弁済を受けるかの財産上の利害に関する問題であるから、本件被告人の所為たるAの一番抵当権を、後順位の二番抵当権たらしめたことは、既に刑法247条の損害に該当するものといわなければならない。」「所論引用の大審院判例は、既に他に抵当権設定契約をしてあるのにかかわらず、この事実を詐り、第三者より抵当権設定を条件として金員を借り受けた所為は右第三者に対する詐欺罪を構成するとした判例であって、本件には不適切のものである。」

判断基準と考え方

◼️ 本条の趣旨

背任罪は、他人のためその事務を処理する者が、自己もしくは第三者の利益を図り、または本人に損害を加える目的で、その任務に背く行為をし、本人に財産上の損害を加える罪である。株式会社の取締役等による場合には、特別背任罪が成立する（会社法960条1項）。背任罪は、横領罪と異なり、財物のみを客体とするものではないが、信任関係に違背する点では、委託物横領罪と近似している性質を有している。本罪には、242条・245条のほか、244条の親族相盗例も準用される（251条）。また、未遂犯も処罰される（250条）。

◼️ 背任罪の本質

本罪の本質については、権限濫用説と背信説とが対立してきた。権限濫用説

は、本人から与えられた法的な代理権の濫用によって財産を侵害する点にその本質があるとするのに対して、背信説は、本人との間に存在する信任関係に違背して財産を侵害する点にその本質があるとする。権限濫用説によれば、背任罪の主体は、法的代理権を与えられた者に限られ、また、代理は本人に代わって法律行為を行うものであるから、背任行為は法律行為に限られることになる。このため、背任罪の成立範囲を狭くしすぎると批判されてきた。通説・判例は、背信説に従っている。

　背信説からは、背任罪の主体は法的代理権を与えられた者に限らず、本人との信任関係において他人の事務を処理する者であればよく、また、背任行為は信任関係に違背する行為で足りることから、法律行為だけではなく事実行為も含まれることになる。しかし、当事者間の取り決めによって、他人のために事務を処理する者が信任関係に違背する点に本罪の本質があるというだけでは、あまりにも可罰性の範囲が不明確になり、拡大しすぎることになる。単なる債務不履行も信任関係に違背する行為にほかならないので、背信説によれば、背任罪が成立することになりかねない、と批判されている。

　このような権限濫用説や背信説の問題点を克服するために、権限濫用説を再評価しつつ権限濫用の内容を少し緩やかに捉える見解（背信的権限濫用説）や、反対に、背信説を出発点としつつ、限定しようと試みる見解（限定背信説）なども主張されている。

3 主　体

　背任罪の主体は、「他人のためにその事務を処理する者」、すなわち、他人の事務処理者に限られる（真正身分犯）。「他人」とは、事務処理の委託者をいい、本罪における本人の意味である。「本人」には、自然人のほか、法人や法人格なき社団も含まれる。また、通説・判例（背信説）によれば、法的な代理権を有する者に限定されない。

4 他人の事務

　背任罪の主体たる者は、「他人の」事務を処理する者であることが必要となる。すなわち、他人の事務を本人に代わって行うという関係が認められること

が必要となる。したがって、売買契約における売主の目的物を引き渡す義務や買主が代金を支払う義務などは、他人のためにする事務であるが、「他人の事務」ではなく、「自己の事務」であることから、これらの義務を怠っても、背任罪にあたらない。

　この区別は、行為者が、一番抵当権者が未登記であることを奇貨として、他の者に抵当権を設定し、その者を一番抵当権者として登記した行為、いわゆる二重抵当の場合に問題となる。判例は、「抵当権設定者はその登記に関し、これを完了するまでは、抵当権者に協力する任務を有し」その義務を負うとして、他人のための事務にあたると解し、背任罪の成立を肯定している（最判昭31・12・7刑集10・12・592）。

　本罪は、財産犯である以上、「事務」は財産上の事務に限り、医師の患者のための診察などの事務は除かれる（通説）。「事務を処理する」という文言から、事務処理の内容は、裁量の余地のまったくない機械的内容の事務は含まれないと解されている。

５ 任務違背行為

　本罪の行為は、「その任務に背く行為」（任務違背行為・背任行為）である。任務違背行為とは、通説・判例によれば、具体的事情のもとにおいて、誠実な事務処理者としてなすべきものと法的に期待されるところに反する行為をいう。作為であると、不作為であるとを問わない。また、法律行為に限らず、事実行為も含まれる。任務違背の有無の判断としては、処理すべき事務の性質や内容等の具体的事情に照らして、法令・通達、定款、内規、契約の内容などが重要な基準になる。

　任務違背行為の典型例としては、不良貸付、粉飾決算、取締役の自己取引などを挙げることができる。そのほか、村長が条例に反して所得税を過少賦課した場合（最決昭47・3・2刑集26・2・67）やプログラミングを担当する会社員が、自らが独自に販売するコンピューターに会社のプログラミングを無断で入力した場合（東京地判昭60・3・6判時1147・162）なども任務違背行為であり、多様である。

6 財産上の損害

　本罪は、本人に財産上の損害が発生した時点で既遂に達する。背任罪は全体財産に対する罪であり、全体財産の減少が損害となる。財産上の損害には、任務違背行為によって本人に生じた既存財産の減少（積極的損害）に加え、本来であれば得られるべき利益を得られなかったこと（消極的損害）（最決昭58・5・24刑集37・4・437）や、本人の面目を失墜させることも含む。

　財産上の損害の有無は、経済的見地から判断される（経済的損害概念。通説・判例）。不十分な担保で貸し付けた不正融資であっても、法的な債権を取得しているので、法的な意味での損害は発生していないと主張することは可能であるが、適切ではなく、不正融資の場合には、法的な債権を取得しても、回収不能となるおそれは高く、融資した時点で経済的損害は発生しているので、既遂となる（最決昭58・5・24刑集37・4・437など）。経済的状況がかわり、貸付金の回収ができたとしても、本罪の成否には影響しないことになる。

7 図利加害目的

　本罪は故意犯であるから、主観的な成立要件として、まず、主体、任務違背行為や財産上の損害の発生についての認識・認容が必要である。さらに、背任罪は、「自己若しくは第三者の利益を図り又は本人に損害を加える目的」（図利加害目的）という特別な主観的要件が規定されていることから、(1)自己または第三者の利益を図る目的（図利目的）か、(2)本人に損害を加える目的（加害目的）がなければ成立しない目的犯である。それゆえ、本人の利益を図るために行われた行為は、財産的な損害を発生させたとしても、背任罪の成立は認められない（大判大15・4・20刑集5・136）。自己図利目的または第三者図利目的と本人図利の目的は併存することもありうるが、その場合は、主従関係を判断し、本人の利益を図る目的が主たる動機であるといえる場合のみ、図利加害目的は否定されることになる（大判昭7・9・12刑集11・1317など参照。また、最決平10・11・25刑集52・8・570は、本人の利益を図るという動機があったとしても、それが決定的な動機ではなく、第三者の利益をもって行われたといえる事案に関して、背任罪の成立を肯定している。）。

　図利加害目的における「利益」・「損害」については、財産上のものに限らな

い（通説・判例）。判例では、「所謂自己ノ利益ヲ図ル目的トハ身分上ノ利益其他総テ自己ノ利益ヲ図ル目的ナルヲ以テ足レリトシ必スシモ其財産上ノ利益ヲ図ル目的ナルコトヲ要セス」（大判大3・10・16刑録20・1867）として、「信用面目ヲ保持スル目的」を自己図利目的に含めている。

　本罪では、本人の財産上の損害が客観的要件とされ、その認識が故意として要求されることから、図利加害目的、特に、加害目的の位置づけが、問題となる。図利加害目的の内容については、加害の事実についての（未必的）認識で足りるとする説、図利加害についての確定的認識または積極的認容（意欲）を必要とする説、さらに、図利加害目的は、本人図利目的がないことを裏から表現したものと理解する説など、が主張されている。判例は、図利・加害についての「意欲ないし積極的認容までは要しない」（最決昭63・11・21刑集42・9・1251）としている。

⑧ 横領罪と背任罪の区別

　横領罪と背任罪とは、信任関係に違背するという点で共通性を有するので、両者の区別が問題となる。両罪が成立するように見える場合であっても、両罪は法条競合（そのうち、択一関係）であって、より重い横領罪のみ成立するというのが通説・判例（大判明43・12・16刑録16・2214）である。

　判例の主流は、財産の処分が自己または第三者の名義・計算で行われた場合には横領罪、本人の名義・計算で行われた場合には背任罪の成立を認めているものと理解されている。自己または第三者の名義・計算で行われた場合、不法領得の意思が通常認められるからである（領得行為→横領罪）。例えば、村長が、村の計算において、村会の決議を経ないでその職務上保管する公金を知人の会社に貸与した事案（大判昭9・7・19刑集13・983）について、大審院は背任罪の成立を認めており、村の収入役が、自己の名義において、村長の命令なく職務上保管する公金を他人に貸与した事案（大判昭10・7・3刑集14・745）について、横領罪の成立を認めている。

　しかし、最高裁は、森林組合の組合長と常務理事が、組合員の造林事業の転貸資金以外の用途に充てることが法令上禁止された政府貸付金を、組合の名義において、地方公共団体に貸し付けた事案について、「貸付が何ら正当権原に

基づかず、ほしいままに組合長ら個人の計算において」行われたものであり、「貸付が組合名義をもつて処理されているとしても、……保管方法と使途の限定された他人所有の金員につき、その他人の所有権そのものを侵奪する行為に他ならない」として、(業務上)横領罪を肯定している。

　このように見てくると、裁判所は、形式的には本人の名義・計算において行われた場合であっても、自己または第三者の計算で行われたものと「実質的に」認められる場合には、横領罪を認めているということができる。言い換えると、本人の財物の処分が、不法領得の意思の発現たる行為か否か、を判断しているということができる。

　その他、(1)事実行為による物の侵害か、法的処分権限の濫用か、(2)権限の逸脱か、権限の濫用か(前田291頁、佐久間251頁など)、(3)背信行為の客体が、物か、利益かにより、前者であれば横領罪が、後者であれば背任罪が成立しうるという見解などが主張されている。

9 共　　犯

　本罪は、他人の事務処理者という身分を成立要件としている(真正身分犯)。しかし、事務処理者でない者(非身分者)といえども、事務処理者(身分者)の犯罪行為に加功することにより、背任罪の共犯が成立しうる(65条1項)。背任罪において、特に問題となるのは、身分をもたない、不正融資の相手方にも、背任罪の共犯が成立しうるか否かである。

　判例では、不正融資の相手方が、融資者たる事務処理者と共謀した事案について、その相手方が、「融資担当者がその任務を違背するに当たり、支配的な影響力を行使することもなく、また、社会通念上許されないような方法を用いるなどして積極的に働き掛けることもなかったものの」、任務違背や財産損害について高度の認識を有していたことに加え、事務処理者の図利加害目的を有していることを認識し、融資に応じざるを得ない状況にあることを利用しつつ協力するなどして、融資の実現に加担し、背任行為について共同加功をしたという評価を免れないとして、共同正犯を肯定したケースがある(最決平15・2・18刑集57・2・161)。

第 **8** 章　盗品等に関する罪

I　盗品譲受け等の罪

概　要

（盗品譲受け等）
第256条1項　盗品その他財産に対する罪に当たる行為によって領得された物を無償
で譲り受けた者は、3年以下の懲役に処する。
2項　前項に規定する物を運搬し、保管し、若しくは有償で譲り受け、又はその有償
の処分のあっせんをした者は、10年以下の懲役及び50万円以下の罰金に処する。

〈要　件〉
1　盗品その他
　　　　財産に対する罪に当たる行為（本犯）
　　　　によって領得された物　被害者が法律上追求できるもの
2　無償での譲り受け（1項）
　　運搬、保管、有償での譲り受け、有償の処分のあっせん（2項）
3　故意　客体が盗品等であることの認識（知情）

⇒未遂は不処罰

定義と具体的適用例

1 盗品その他財産に対する罪に当たる行為によって領得された物

（1）財産に対する罪に当たる行為：前提犯罪としての本犯

　　⇒**財産罪：例）窃盗罪、強盗罪、詐欺罪、恐喝罪、横領罪**

　　　　⇒背任罪を含むか否か？　肯定説と否定説（高橋432頁）

　　　　⇒盗品関与罪を含むか否か？　肯定説（高橋同頁）と否定説

　　⇒**構成要件に該当する違法な行為であれば足りる**（大判明44・12・18刑録

20・2382：責任無能力者の場合）。

⇒親族相盗例によって刑が免除される場合（最判昭25・12・12刑集4・12・2543）、本犯行為につき公訴時効が完成して処罰できない場合（大判明42・4・15刑録15・435）でもかまわない。

⇒**既遂に達する必要性がある（通説）**。ただし、強盗殺人罪の未遂のように強盗罪としては既遂に達していればよい。

⇒本犯の行為に刑法の適用がない場合：例）外国人が外国で窃盗をした場合に本罪の適用は可能か否か？　肯定説（国際的な取締りの必要性）と否定説

⇒日本の裁判権が及ばない場合：例）免責特権を有する外国人の窃盗の場合に本罪の適用は可能か否か？　肯定説（通説）

（2）盗品その他の領得された物：本罪の客体

⇒**盗品等と呼ばれる（平成7年の改正前：臓物［贓物］）。財産上の利益を除く。不動産は含まれる（通説）。**

　⇒直接的に領得された物でなければならない。例）会社の機密資料を勝手に持ち出してコピーした場合、コピーを売却しても、そのコピーそれ自体は盗品等にはならない。

⇒本犯の被害者が法律上追求できるものに限られる：**保護法益⇒追求権（？）**

⇒追求権が最初からない場合、追求権を失う場合には盗品等ではなくなる。

⇒学説の多くと判例：プラス・アルファの要素を考慮する。

　・即時取得（民法192条）：第三者が即時取得する場合、本犯の被害者は追求権を失い、盗品性は否定される（大判大6・5・23刑録23・517）。ただし、盗品または遺失物については、被害者は2年間その物の回復を請求する権利を有するので（民法193条）、その限りでは本罪も成立する。

　・付合（民法243条）、加工（民法246条）：民法上の加工により、加工者が所有権を取得した場合に本犯の被害者は追求権を失い、これ

は付合についても同様である。もっとも判例では、付合・加工に
当たらないとして本罪の成立が認められる場合が多い（大判大
4・6・2刑録21・721［強取あるいは窃取した貴金属類を変形させて金
塊とした場合］、最判昭24・10・20刑集3・10・1660［盗品の婦人用自転
車の車輪とサドルを男子自転車の車体に取り付けた場合]）。

・不法原因給付（民法708条）：不法原因給付物の所有権は受給者に
移転する（最大判昭45・10・21民集24・11・1560）が、本犯の成否に
応じて区別する見解が有力である（詐欺罪の場合には肯定、横領罪
の場合は否定）。

・禁制品：麻薬、覚せい剤、銃砲刀剣類等については、所持・所有
を国家に対抗できないだけであり、被害者は追求権を有すると解
されている（多数説）。

・取り消し得る行為の場合：本犯の行為が詐欺、恐喝であり、被害
者による所有権移転の意思表示が民法96条によって取り消し得る
にすぎない場合、取り消しがなされるまで所有権は本犯者の側に
あるが、通説・判例（大判大12・4・14刑集2・336）は被害者に法
律上の回復請求権があることを理由に盗品性は否定されないとす
る。

・代替物：被害者が法律上追求できるのは被害品そのものだけであ
り、被害品の代替物（例えば、被害品を売却して得た金銭）について
は、盗品性は否定される。ただし、被害品と同一性が維持される
限りでは、本罪の対象になり得るとされている。判例では、横領
した紙幣の両替金について盗品性が肯定されており（大判大2・
3・25刑録19・374）、詐取した小切手により取得した現金について
も盗品性は肯定されている（大判大11・2・28刑集1・82）。

② 本罪の行為：無償譲受け、運搬、保管、有償譲受け、有償処分のあっせん

（1）無償譲受け（1項）

　　⇒**盗品等を無償で取得することをさす。贈与のほか、無利息消費貸借が
　　当てはまるが**（大判大6・4・27刑録23・451）、**単に一時使用目的での**

借り受けは当たらない（福岡高判昭28・9・8高刑6・9・1256）。本行
為だけ法定刑は軽い。消極的な形で本犯に関わるだけであり、本犯助
長性に欠けるためである。盗品等の事実上の処分権を取得する点で保
管とは区別される。無償譲受けが成立するには、単に約束や契約だけ
では足りず、現実の引き渡しが必要である（通説）。対象物が盗品等
であることの認識（知情）が必要である。

（2）運　搬（2項）

⇒**盗品等を場所的に移動させることをさす。有償無償を問わない。**単に
約束、契約だけでは足りず、実際に運搬されることを必要とする。距
離の遠近は問われない。被害者の追求権を侵害したと言えるか否かが
重要となる（最判昭33・10・24刑集12・14・3368は、本犯宅付近から同宅四
畳半の押入れまで運んだ行為を運搬とする）。

  ⇒盗品性の認識が、運搬の途中で生じるので十分であるのか、盗品
  等を取得する時点で既に必要となるのかにつき争いがある（本罪
  を継続犯と見るか否かの争い）。

・盗品等を被害者のもとへ運搬する行為
  ⇒被害者の追求権の侵害がないとして運搬罪の成立を否定する見解
  が学説では有力。
  ⇒判例は、正常な回復を困難にさせたとして運搬罪の成立を認める
  （最決昭27・7・10刑集6・7・876）。

（3）保　管（2項）

⇒**保管とは、委託を受けて盗品等の占有を得て管理することであり**（最
判昭34・7・3刑集13・7・1099）、**有償無償を問わない**（大判大3・3・
23刑録20・326）。保管の目的は問われず、質物として受け取る場合、
賃貸借、使用貸借のために受け取る場合も保管に当たる。単に約束す
るだけでは足りず、現実に引き渡しを受けて保管することが必要であ
る（通説）。

・保管後に初めて盗品性の認識が生じた場合

⇒判例（最決昭50・6・12刑集29・6・365）・通説：盗品保管罪の成立を認める。継続犯としての理解が前提にある。保管の継続そのものが本罪の構成要件の内容であるとする。

⇒有力説：否定説：保管のための占有開始の時点で盗品性の認識（知情）が必要であるとする。占有の開始こそが被害者の追求権を困難にする構成要件該当行為であるとする。

（4）有償譲受け（2項）

⇒有償で盗品等を譲受けることであり、売買による交換のほか、債務の弁済など形式は問われない（大判大12・4・14刑集2・136）。契約、約束だけでなく、盗品等の移転が必要となる（大判大12・1・25刑集2・19）。

・被害者に返還する目的での有償取得

⇒判例上、有償譲受けには当たらない（東京高判昭28・1・31東高刑3・2・57［身延山久遠寺の寺宝で日蓮の親筆と伝えられる同日三幅本尊を買取った事案］）。

（5）有償処分のあっせん（2項）

⇒盗品等の法律上の有償での処分（売買、入質、払戻し、交換等）をあっせん、媒介することである。処分自体は有償であることを要するが、あっせんについては無償でもよい。判例は、あっせん行為がなされれば、有償処分あっせん罪が成立するとする（最判昭26・1・30刑集5・1・117）。これに対し、学説上は、判例を支持する見解、有償処分の契約の成立が必要であるとする見解、盗品等の現実の移動が必要であるとする見解に分かれる。

・本犯の被害者に対して有償処分のあっせんをする行為

⇒判例：被害者の正常な回復を困難にし、窃盗等の犯罪を助長し、誘発するおそれがあるとして本罪の成立を認める（最決平14・7・1刑集56・6・265）。

❸ 故　意

⇒**客体が盗品等であることの認識（知情）が必要であるが、未必的な認識で足りる（通説・判例）。**

⇒本犯が財産犯であることの認識は必要であるが、その具体的な内容については不要である。

⇒知情の時期：どの時点で上記の認識が必要であるのか？

⇒運搬・保管における開始後の知情について争いがある。

⇒知情の立証：容易ではなく、売渡人の属性、態度、取引物の性質、取引形態といった状況証拠から認定するしかない。

重要判例

① 最決昭27・7・10刑集6・7・876

〔事実の概要〕

被告人XとYは共謀のうえ、被害者が盗まれたミシン1台および甲皮約25足分を盗品であることを知りながらZ方から被害者方まで運搬した。

〔判　旨〕

原判決は、……本件贓物の運搬は被害者のためになしたものではなく、窃盗犯人の利益のためにその領得を継受して贓物の所在を移転したものであって、これによって被害者をして該贓物の正常なる回復を全く困難ならしめたものであると認定判示して贓物運搬罪の成立を肯定したものであるから何等所論判例と相反する判断をしていない。

② 最決昭50・6・12刑集29・6・365

〔事実の概要〕

被告人Xは自室においてYから昭和48年2月22日午後10時頃背広三つ揃え等4点を、同23日午後10時頃鞄1個をそれぞれ預かり、保管中、同月26日、右各品はいずれも同人が他から窃取してきた物であることの情を知るに至ったが、その後同年4月17日頃までの間自室でその保管を継続し、もって贓物の寄贓（＝保管）をし、さらに他から窃取してきた物であることの情を知りなが

ら、右自室において、カメラ等を買い受け、もって贓物の故買（＝有償譲受け）をし、さらにネックレスの贈与を受け、もって贓物の収受（＝無償譲受け）をした。

〔判　旨〕

　所論に鑑み職権で判断するに、贓物であることを知らずに物品の保管を開始した後、贓物であることを知るに至ったのに、なおも本犯のためにその保管を継続するときは、贓物の寄蔵にあたるものというべきであり、原判決に法令違反はない。

③　最決平14・7・1刑集56・6・265

〔事実の概要〕

　T県S市の株式会社Kは平成12年11月15日深夜から翌16日早朝まで頃、何者かによって盗難被害に遭い、約束手形181通ほかを盗まれたが、被告人両名は、この盗難があった頃から同年12月上旬頃までの間に、氏名不詳者から、この盗難被害品の約束手形の一部である約束手形131通を前記K社関係者に売りつけることを持ち掛けられ、それが前記K社から盗まれた盗品であることを知りながら、共謀の上前記手形をK社関係者に売りつけることを考え、同月上旬頃から前記K社関係者らと買い取りの条件などを交渉したうえ、同月14日午前9時50分から午後4時30分頃までの間、3回にわけてT都K区のN社応接室において、前記K従業員Sに前記盗難の被害品である約束手形131通を代金合計8220万円と引き替えに交付して売却し、盗品の有償処分のあっせんをした。

〔判　旨〕

　所論にかんがみ、職権で判断するに、盗品等の有償の処分のあっせんをする行為は、窃盗等の被害者を処分の相手方とする場合であっても、被害者による盗品等の正常な回復を困難にするばかりではなく、窃盗等の犯罪を助長し誘発するおそれのある行為であるから、刑法256条2項にいう盗品等の「有償の処分のあっせん」に当たると解するのが相当である。

判断基準と考え方

■1 盗品関与罪の罪質

　盗品関与罪の罪質につき、かつての通説はそれを本犯の被害者の追求権の侵害に見出しているとされてきた（追求権説）。つまり、まずは追求権が保護法益として想定されるのである。これに対し、1995（平成7）年に刑法256条が改正されるまでは、客体が贓物とされていたため、贓物は財産罪によって取得された物に限らないとして、犯罪によって違法に成立した財産状態を維持することが本罪の罪質であるとする見解（違法状態維持説）も唱えられていた。この見解からすれば、本犯は財産罪に限られず、密漁や密猟といった漁業法や狩猟法に違反する罪のように財産権の侵害を内容とする犯罪であればよいことになる。しかし、上述の改正によって、本犯は財産罪であることが規定されたため、同説はもはや維持できなくなっている。追求権説からすると、盗品関与罪は間接領得罪として特徴づけられることになる。しかし、間接領得罪であるにもかかわらず、256条2項の罪については、罰金が必要的に併科されており、例えば、本犯が窃盗である場合にはそれよりも重くなってしまう。

　また、追求権の侵害だけに着目する見解からすると、本犯の被害者に返還を請求する民法上の権利がない場合、不法原因給付物や禁制品の場合のように民法上保護される権利がないと思われる場合について本罪の成立は否定されてしまい、また、本犯者が詐欺恐喝によって財物を取得したが、被害者が取消しの意思表示を行わない場合についても契約は有効のままとなり、財物の所有権は本犯者に属するので本罪は成立しないことになってしまう。そこで、学説上は具体的な妥当性を得るため、追求権を広く解する見解、追求権説を基本としつつも違法状態維持説を加味して結合させる見解が主張されている。もっとも有力であるのは、追求権の侵害という財産犯的側面と並んで、本犯者に事後的に協力して盗品等の処理を助け、財産犯を誘発・助長し、盗品等の処分に関与することにより、その利益にあずかるという本犯助長性・事後従犯性、利益関与性、犯人庇護性といった多面的な性質に着目して本罪の罪質を理解する見解であり、判例も基本的にこのような立場に立っている。

☑ 主体について

　本犯者自身は、盗品関与罪の主体にはならない（通説・判例）。つまり、本犯である窃盗犯が窃取した財物を運搬・保管する行為は別個に処罰されることはない。この点につき、本犯の犯罪によって評価しつくされている共罰的事後行為であるとする見解と、本犯助長性を欠くため本罪としての違法な行為を行いえない純然たる不可罰的事後行為であるとする見解の対立がある。このことは、本犯の（共謀）共同正犯にも当てはまる。これに対し、本犯を教唆・幇助した者が本罪の行為をした場合には、本犯の教唆・幇助とは別に、本罪が成立すると解されている。判例上、両者の関係は併合罪とされている。

Ⅱ　親族間の犯罪に関する特例

概　要

（親族等の間の犯罪に関する特例）
第257条１項　配偶者との間又は直系血族、同居の親族若しくはこれらの者の配偶者との間で前条の罪を犯した者は、その刑を免除する。
２項　前項の規定は、親族でない共犯については、適用しない。
〈要　件〉
1　配偶者、直系血族、同居の親族
　　との間
2　前条の罪　盗品関与行為
3　親族ではない共犯

定義と具体的適用例

☑ 親族関係

　⇒直系血族、配偶者、同居の親族⇒民法の規定に基づく。

　　⇒配偶者：内縁関係は含まない。

　⇒上記の者達との間

　　⇒親族関係の存在：本犯者と盗品関与罪の犯人との間に必要（通説・判例：最決昭38・11・８刑集17・11・2357）

⇒本犯の被害者との間ではない（このような関係の存在は偶然的でしかない）：刑法244条（親族相盗例）とは異なる。

⇒「法は家庭に入らず」という政策的理由に基づくものではない。

　⇒親族関係においては適法行為の期待可能性が減少する（責任減少）点に根拠を有する特例：刑法105条に近い。

　　⇒盗品関与罪の犯人相互の間に親族関係が存在する場合

　　　・通説・判例：適用を否定

　　　・有力説：適用を肯定⇒盗品関与罪も本犯に当たり、親族からの依頼による期待可能性の現象（責任減少）はこの場合にも認められるから。

２ 親族でない共犯（2項）：刑の免除の否定

　⇒責任の個別性に基づく当然の規定。

重要判例

最決昭38・11・8刑集17・11・2357

〔事実の概要〕

　被告人は、妻が盗品と知りつつ買い受けた物品を、自らも盗品であるとの認識を持ちながら、妻の指示のもと、被告人居宅から当該の物品を自動三輪車で運搬した。

〔判　旨〕

　刑法257条1項は、本犯と贓物（ぞうぶつ）に関する犯人との間に同条項所定の関係がある場合に、贓物に関する犯人の刑を免除する旨を規定したものであるから、原判決が、たとい贓物に関する犯人相互の間に右所定の配偶者たる関係があってもその刑を免除すべきでない旨を判示したのは正当である。

第**9**章 毀 棄 罪

I　公用文書等毀棄罪

概　要

（公用文書等毀棄）
第258条　公務所の用に供する文書又は電磁的記録を毀棄した者は、3月以上7年以下の懲役に処する。

〈要　件〉
1　公務所の用に供する文書又は電磁的記録　　＊電磁的記録（7条の2）
2　毀棄

⇒　未遂は不処罰

定義と具体的適用例

1 公務所の用に供する文書又は電磁的記録

⇒公務所の用に供する文書：公用文書⇒公文書（155条）とは異なる。

⇒文書：文字またはそれに代わるべき可視的・可読的符号によりある程度永続するように物体上に意思または観念を表示したもの。

⇒文書以外の書類は器物損壊罪（261条）の対象となる。

⇒その作成者・作成名義・作成目的に関係なく、現に公務所においてその事務処理のために使用されているか、またはその使用のために保管されている文書（大判明44・8・15刑録17・1488、最判昭38・12・24刑集17・12・2485）：私文書、偽造文書も含む。

・収税官吏が差し押さえた帳簿（最決昭28・7・24刑集7・7・1638）、偽造の収税伝令書（大判大9・12・17刑録26・921）。

⇒**内容虚偽の文書であってもよい。**

⇒**永続性は要件とはされていない。**

・国鉄の助役がチョークで列車案内を書いた急告板（最判昭38・12・24刑集17・12・2485）

⇒**未完成文書でも文書として意味、内容を備えていればよい。**

・被疑者および警察官の署名・押印がない弁解録取書（最決昭32・1・29刑集11・1・325）

⇒**違法な手続（違法な取調の下）で作成された文書でもよい**（最判昭57・6・24刑集36・5・646）。

⇒**公務所の用に供する電磁的記録：公用電磁的記録**

⇒公務所で使用中または保管中の電磁的記録：電磁的記録の定義（7条の2）

・自動車登録ファイル、住民登録ファイル、不動産登記ファイル等

⇒公務所の外部にあっても通信回線を介してアクセス可能であれば支配・管理していることになるので本罪の客体に当たる。

❷ 毀 棄

⇒**物理的な損壊に限られない、物の効用を失わせる一切の行為**（効用侵害説：判例・通説）

⇒**持ち主による使用を不可能にする行為を広く含む見解**

⇒隠匿も含む。

⇔物質的（物理的）毀損説（物理的損壊が必要であるとする見解）

⇒259条の毀棄、260条・261条の損壊、261条の傷害と同じ意味

⇒客体の相違に応じて書き分けられているにすぎない。

・記載事項の部分的な抹消（大判大11・1・27集1・16）、公正証書に貼付された印紙の剥離（大判明44・8・15刑録17・1488）のように、文書の実質的部分を毀損しない場合も毀棄に当たる。

⇒電磁的記録については、媒体の物理的な破壊、記録の消去がこれに当たる。

⇒効用侵害説からすると、媒体の隠匿も含まれる。

重要判例

最判昭57・6・24刑集36・5・646

〔事実の概要〕

　被告人は、盗難被害届がでている自動車を使用していたため、車の入手経路を説明する旨を求められ、X署まで任意同行することを承諾した。12時50分頃被告人は同署に赴き、Y巡査部長から自動車の入手経路につき取調を受けたが、被告人が当該窃盗の犯人でないことが判明するまでに午後4時頃までを要した。その後、Y巡査部長に代わり、Z警部補が被告人を当該窃盗事件の参考人として取調べ、被告人がYに供述し、同人が裏付けをとった事実につき参考人調書を作成することになった。被告人は同調書作成の必要性を一応理解し、初めの頃はZに聞かれるままにYに供述していたことを比較的すらすらと供述したため、午後5時頃までに本件調書の本文の殆どが記載された。しかし、それから先へは調書の記載が進まなくなってしまった。何故ならば、例えば代金の支払場所について被告人がZの尋問に応答してもZがそのまま記載しなかったため、押し問答状態が続いたからであり、このとき以降、Zは供述を促しながら自動車の任意提出書の作成提出を並行して被告人に求めていったが、全くらちがあかず、被告人は取調の拒否と取調室に滞留することの拒否を言動で明確に示すに至った。しかし、Zは執拗に尋問を続行し、特に任意提出書の即日作成を要求し、説得と押し問答を繰り返した。午後5時50分頃になり、Zは当日の取調を打ち切ることにし、当日の調書をひとまずそのままで完結することにした。そこで、その旨を被告人に告げ、このときまでに記載した調書を被告人に読み聞けをしようとしたところ、被告人はこれに署名押印しないことを明言したが、これにかまわず読み聞けをすることにし、調書の2葉（計4枚）を両手に持ち被告人に見えるようにしながら読み聞けを終え、まさに机上の3葉目に移ろうとした矢先、被告人が長時間の取調による疲労とZの強引さと執拗さに対する憤慨から「こんなもんなんじゃ。」と言いながら、調書を引き裂き、出口に向かって走ったが、Zらによって公務執行妨害と公文書毀

棄の現行犯で逮捕された。

〔判　旨〕

原判決は、要するに、被疑者不詳の窃盗被疑事件の参考人としての被告人に対する警察官の取調が、事実上その身体の自由を拘束し実質上逮捕と同視しうる状態において行われた違法なものであることを前提に、かかる違法な取調のもとに作成されつつあつた本件参考人供述録取書は、右違法な取調と共に刑法上の保護に値せず、刑法258条によつて保護される公務所の用に供する文書にあたるとはいえないから、右取調の過程において右供述録取書を引き裂いた被告人の所為は公文書投棄罪を構成せず、被告人は無罪であるとするのである。

原判決の右判断のうち、被告人に対する警察官の取調方法が違法であるとした点は、一件記録に照らし必ずしも首肯しえなくはないが、違法な取調のもとに作成されつつあつた供述録取書が、そのことの故に、直ちに刑法258条の公務所の用に供する文書にあたらなくなるとした点は、にわかに肯認することができない。

なぜならば、同条にいう公務所の用に供する文書とは、公務所において現に使用し又は使用に供する目的で保管している文書を総称するものであつて（昭和37年（あ）第1191号同38年12月24日第三小法廷判決・刑集17巻12号2485頁、同51年（あ）第1202号同52年7月14日第一小法廷判決・刑集31巻4号713頁）、本件供述録取書のように、これを完成させるために用いられた手段方法がたまたま違法とされるものであつても、原判示のように既にそれが文書としての意味、内容を備えるに至つている以上、将来これを公務所において適法に使用することが予想されなくはなく、そのような場合に備えて公務所が保管すべきものであるというべきであり、このような文書も刑法258条にいう公務所の用に供する文書にあたるものと解するのが相当だからである。

判断基準と考え方

本罪の保護法益は、公務所における文書の効用（物の効用）である。その効用の実質的な内容は、文書を用いた公務の適正・円滑な遂行であり、本罪では財産の保護に加え、国家的法益としての公務の保護の側面を有する。つまり、

本罪は公務妨害罪的な性質をも有している。したがって、公務執行妨害罪（95条）と同様に公務の適法性が問題となるが、判例上は公務の適法性は要件とはされていない。上述の最判昭57・6・24刑集36・5・646は、違法な取調の下で作成された供述録取書につき本罪の成立を認めている。

II　私用文書等毀棄罪

概　要

（私用文書等毀棄）
第259条　権利又は義務に関する他人の文書又は電磁的記録を毀棄した者は、5年以下の懲役に処する。

〈要　件〉
1　権利又は義務に関する他人の文書
　　又は電磁的記録　　　　　　　　　＊電磁的記録（7条の2）
2　毀棄

⇒未遂は不処罰
⇒自己の物を損壊した場合の特例（262条）
⇒親告罪（264条）

定義と具体的適用例

■1 権利又は義務に関する他人の文書又は電磁的記録

⇒**権利又は義務に関する他人の文書**：私用文書⇒私文書（159条）とは異なる。

⇒**権利義務の存否、得喪、変更、消滅を証明するための文書でなければならない**（大判昭11・7・23刑集15・1078）。単なる事実証明に関する文書は含まれない。

⇒そのような文書を毀損しても、器物損壊罪（261条）にしかならない。

⇒**「他人の」：他人の所有に属するものでなければならない。文書の名義は問われない。**

⇒公用（公務所の用に供される）でなければ、私文書でも公文書でもよい。

・債務証書（大判明37・2・25刑録10・364）、約束手形（大判大14・5・13刑集4・301）、小切手（最決昭44・5・1刑集23・6・907）、公務員退職届（大判大10・9・24刑録27・589）

⇒**権利又は義務に関する電磁的記録**：私用電磁的記録

・銀行の口座残高ファイル、電話料金の課金ファイル、プリペイドカードの磁気情報部分

❷ 毀　棄（省略）

判断基準と考え方

本罪の保護法益は、権利・義務に関する文書の効用である。実質的には当該文書の有する権利義務の証明作用である。

Ⅲ　建造物等損壊及び同致死傷罪

概　要

（建造物等損壊及び同致死傷）
第260条　他人の建造物又は艦船を損壊した者は、5年以下の懲役に処する。よって人を死傷させた者は、傷害の罪と比較して、重い刑により処断する。

〈要　件〉
1　他人の建造物又は艦船
2　損壊
3　よって人を死傷させる：結果的加重犯
4　傷害の罪との比較で重い刑により処断
⇒未遂は不処罰
⇒自己の物を損壊した場合の特例（262条）

定義と具体的適用例

■1 他人の建造物又は艦船

⇒**建造物：家屋その他これに類似する建築物であり、屋根があって壁また
　は柱により支持されて土地に定着し、少なくともその内部に人の出入り
　が可能なものでなければならない**（大判大3・6・20刑録20・1300）。単に
　棟上げが終わっただけのもの（大判大4・10・14刑集8・477）、くぐり戸の
　ついた門（前掲大判大3・6・20）は当たらない。

⇒建造物に含まれるか否かの基準：**毀損基準**（通説）

　⇒壊さずに取り外すことができるか否かで判断する。

・屋根瓦、鴨居（かもい）：建造物の一部としてその損壊は建造物損壊罪になる。

・雨戸、板戸、窓ガラス、ふすま、障子：その損壊は器物損壊罪にしかな
　らない。

　⇒判例：市営住宅1階の部屋の金属製玄関ドアにつき、当該物と建造物
　　との接合の程度のほか、当該物の建造物における機能上の重要性をも
　　総合考慮したうえで、建造物損壊罪の客体に当たるとした（最決平
　　19・3・20刑集61・2・66）。

　　⇒壊さずに取り外せることだけでなく、機能上の重要性も考慮する。

⇒**艦船**：軍艦および船舶のこと。現に自力または他力による航行能力を有
　する必要がある。解体作業中の旧軍艦で航行能力を有さないものは含ま
　れない。

⇒**他人性**：建造物・艦船は他人の所有に属するものでなければならない。

　⇒他人の所有権が将来民事訴訟等において否定される可能性がないとい
　　うことまでは必要ない（最決昭61・7・18刑集40・5・438）。

　　⇒被害者側の所有権が民事裁判で否定され、行為者側に所有権がある
　　　ことが認められる可能性があってもよい。

　　⇒刑事事件においては、民事の権利関係の判断には立ち入らないとい
　　　う立場の表明。

2 損　壊

⇒建造物の物理的損壊に限られず、その効用を侵害すること（**効用侵害説**）。

- ・ビラ34枚を駅長室の板壁や腰壁に、更に30枚をガラス戸等に貼った事案 について本罪の成立は否定されている（最決昭39・11・24刑集18・9・ 610）。他方で、建造物の壁、ガラス扉、窓ガラス等に１回に約400、500 枚ないし2500枚のビラを３回にわたり貼った事案については肯定されて いる（最決昭41・6・10刑集20・5・374）。

⇒建造物の効用には美観・偉容（立派さ）も含まれる。

- ・公園の公衆トイレに「反戦」、「スペクタクル社会」とラッカーで落書き する行為（最決平18・1・17刑集60・1・29）：原状回復の困難さも考慮さ れている。

3 よって人を死傷させる：結果的加重犯

4 傷害の罪との比較

⇒傷害結果を引き起こした場合は、傷害罪の規定（204条）と、殺害結果を 引き起こした場合は、傷害致死罪の規定（205条）と本条の法定刑を比較 し、上限・下限ともに重い方を法定刑とすることを意味する。

重要判例

最決平19・3・20刑集61・2・66

〔事実の概要〕

　被告人甲は、Ａ市の市営住宅にある元妻Ｂ方に押し掛けて面会を強要した り、電話をかけて暴言を言ったりしていたが、Ｂが甲の言動に屈しなかったこ とからいら立ち、Ｂ方の玄関ドア（本件ドア）を金属バットで叩いて凹損させ るなどした。本件ドアは、５階建て市営住宅１階にある居室の出入口に設置さ れた、厚さ約3.5cm、高さ約200cm、幅約87cm の金属製開き戸であり、当該 市営住宅に固着された外枠の内側に３個の蝶番で接合され、外枠と同ドアとは 構造上家屋の外壁と接続して一体的な外観を呈していた。甲は、Ｂが管理し、

Ａ市が所有する建造物を損壊したとして刑法260条の建造物損壊罪で起訴された。

〔判　旨〕　上告棄却

　建造物に取り付けられた物が建造物損壊罪の客体に当たるか否かは、当該物と建造物との接合の程度のほか、当該物の建造物における機能上の重要性をも総合考慮して決すべきものであるところ、……事実関係によれば、本件ドアは、住居の玄関として外壁と接続し、外界とのしゃ断、防犯、防風、防音等の重要な役割を果たしているから、建造物損壊罪の客体に当たるものと認められ、適切な工具を使用すれば損壊せずに同ドアの取り外しが可能であるとしても、この結論は左右されない。そうすると、建造物損壊罪の成立を認めた原判断は、結論において正当である。

判断基準と考え方

　建造物の構成部分が、建造物損壊罪の客体であるのか、あるいは器物損壊罪の客体であるのかを区別する基準として、判例・通説は、取り外す際に毀損を伴うものについては建造物損壊罪の客体になるとする基準（毀損基準）に依拠しているとされてきた。これに対し、大阪高判平5・7・7高刑46・2・220のように、毀損基準に決定的な意義を認めず、構造面と機能面から建造物との一体性の有無を判断する基準（一体性基準）に依拠する一連の判例も存在していた。この一体性基準では、毀損基準は、構造面での物理的な一体性を判断する際に取り外しの困難性という緩和された形で考慮されるにとどまることになる。

　しかし、上記の最決平19・3・20刑集61・2・66は、両基準から距離をおき、端的に「当該物と建造物との接合の程度」と「当該物の建造物における機能上の重要性」の2つの要素の相関関係から、建造物損壊罪の客体に当たるか否かを判断するものと理解できる。つまり、機能上の重要性が高ければ、（最低限の物理的な結合は必要ではあるが）取り外しが困難であるような接合の程度は要求されずに、同罪の客体性が肯定されることになろう。このような平成19年決定の判断方法では処罰範囲が拡大するとの懸念が当然のことながら提起され

ることになる（ただし、毀損基準に該当する物であっても、機能上の重要性が非常に低ければ、建造物損壊罪の客体から除外されるため、従来よりも処罰範囲が限定される場合もあり得る）。物理的な結合を前提にして、建造物における当該物の機能上の重要性およびその損壊を通じた建造物としての効用の侵害を厳格に解して、処罰範囲が拡散しないようにする必要性があろう。

Ⅳ　器物損壊罪

概　要

（器物損壊等）
第261条　前3条に規定するもののほか、他人の物を損壊し、又は傷害した者は、3年以下の懲役又は30万円以下の罰金若しくは科料に処する。

〈要　件〉
1　前3条に規定する以外の他人の物
2　損壊または傷害

⇒未遂は不処罰。
⇒自己の物を損壊・傷害した場合の特例（262条）
⇒親告罪（264条）

定義と具体的適用例

1 前3条に規定する以外の他人の物

⇒公用文書・公用電磁的記録（258条）、私用文書・私用電磁的記録（259条）、建造物・艦船（260条）以外のすべての他人の物。

⇒建造物以外の不動産、土地も客体になる。

・敷地を掘り起こして耕作物を植え付ける行為（大判昭4・10・14刑集8・477）、校庭に「アパート建築現場」と書いた立札を掲げ、幅6間、長さ20間の範囲で地中に杭を打ち込んで板付けをして体育の授業、生徒の課外活動を妨害する行為（最決昭35・12・27刑集14・14・2229）。

⇒258条・259条の対象外の電磁的記録それ自体は物ではないので客体にはならないが、それを記録させた媒体（例：ハードディスク）は本罪の客体となる。

・インターネットを通じて他人のコンピュータにウイルスを感染させてそのハードディスクの効用を侵害する行為（東京高判平24・3・26東高刑時報63・42）。

⇒判例上、法令に違反する違法な物も本罪の客体となる。

・旧電信法その他の法規に違反する電話施設の器物（最判昭25・3・17刑集4・3・378）、公職選挙法違反のポスター（最決昭55・2・29刑集34・2・56）。

② 損壊又は傷害

⇒**損壊：文書毀棄罪における「毀棄」と同じ意味**：物質的に毀損する必要はなく、物の効用を失わせる行為（例えば隠匿）をも含む（**効用侵害説**）。

⇒**傷害：動物が客体として想定されている**：動物の物理的な殺傷だけでなく、逃す行為や隠匿する行為のように持ち主からしたその動物の効用を失わせる行為をも含む。動物傷害罪とも言う。

・すき焼き鍋・徳利に放尿する行為（大判明42・4・16刑録15・452）、養魚池の鯉を流出させる行為（大判明44・2・27刑録17・197）、労働組合の木製看板を取り外して140m離れた場所に投げ捨てる行為（最判昭32・4・14刑集11・4・1327）。

・タクシー会社の営業用自動車の空気を抜く行為（否定：大阪地判昭43・7・13判時545・27）。

重要判例

大阪高判平13・3・14高刑集54・1・1

〔事実の概要〕

被告人XはYと共謀の上、Zを強いて姦淫しようと企て、Zを自動車に同乗させて発進させ某資材置き場へ行き、同車を停止させるや、Zに対しYが「お

れらはエッチがしたいだけや。ボコボコにされたくなかったら、エッチさせろ。そしたら、帰したる。」などと怒号して脅迫したが、その後、Ｚが走行中の同車の窓から路上に飛び降りて逃げ出したため、姦淫の目的を遂げることはなかった。このような事実の経過の最中に、自動車の外に落ちていたＺのかばんをＹがＸに命じて拾わせていた。また、Ｚは服のポケットの中に携帯電話を入れていたことを思い出し、これを使って助けを呼ぼうとしたが、これを察したＹから携帯電話を渡すように命令され、やむなくＹに渡していた。その後、Ｚが車の窓から飛び降りて逃走したため、Ｘらの手元にかばんと携帯電話が残ることになったが、Ｙはかばんの中身をよく確認することなく、Ｚから奪った物のすべてをＸに渡して川に捨てるように指示し、Ｘはかばんの中身を確認しないまま、Ｙの指示どおり、Ｚから奪ったかばんと携帯電話を上武庫橋の上から武庫川に投げ捨てた。

〔判　旨〕

　器物損壊罪にいう「損壊」とは、物質的に物を害すること又は物の本来の効用を失わしめることをいうと解される。そして、物の本来の効用を失わしめることに、物の利用を妨げる行為も含まれること、利用を妨げた期間が一時的である場合や、犯人に返還する意思があったような場合も含まれ得ることは、原判決が解釈として説示するとおりである。しかし、利用を妨げる行為が物の本来の効用を失わしめ、「損壊」に該当するといっても、利用を妨げる行為がすべて「損壊」に当たるわけではなく、「損壊」と同様に評価できるほどの行為であることを要するものというべきである。この観点から、被害者からみて容易に発見することができない隠匿行為、占有奪取現場からの持出し行為や長時間にわたる未返還といった事情が考慮されることになる。換言すれば、利用を妨げる行為にも当然程度というものがあり、その程度によっては効用を失ったと同等には評価することができず、「損壊」には当たらない場合があるというべきである。また、原判決の解釈では窃盗罪の成立要件のうち、不法領得の意思のみを欠いたことによって器物損壊罪が成立することになりかねないが、窃盗罪と器物損壊罪との間に一般にそのような補完的な関係があるとみることはできない。すなわち、確かに占有奪取行為があれば、多かれ少なかれ、事実上その物の利用を妨げることになるが、法は、そのうち「損壊」と同様に評価で

きるものは器物損壊罪に当たるが、それに至らない場合は、たとえ社会的に非
難されるべき行為ではあっても、刑法上、敢えてこれを不問に付す趣旨と解する
のが相当である。これを本件についてみると、関係証拠によれば、被告人ら
がかばんを被害者に返さず、かつ、被害者が持っていた携帯電話を取り上げた
事実は認められるが、その段階では、両者は同じ車内の前部座席と後部座席に
乗車していたこと、被害者が携帯電話を利用して助けを呼べなかったという状
況が継続したのは、被害者の知人が被害者救出のため同車両の窓ガラスを割
り、被害者が同車両から飛び降りるまでの約３分間というごく短時間のことで
あることのほか、携帯電話以外の物品については、具体的にどういう物が存在
するかについてさえ明確な認識がなく、被告人らの主観としても、姦淫に応じ
させるための一時的な手段として本件物品等を保有しているにすぎないことが
認められること等を総合すれば、その時点で、かばんや携帯電話の効用そのも
のが失われたとまで解することはできないから、前記行為をもって器物損壊罪
にいう「損壊」と評価するのは相当でなく、検察官が予備的訴因で主張するよ
うに、その後、被告人らが、かばん及び携帯電話を川に投棄した行為をもっ
て、それらの物の効用を失わしめる「損壊」行為に当たると解するのが相当で
ある。

判断基準と考え方

　損壊の意義に関しては、効用侵害説が通説・判例であり、物理的損壊に限定
されることなく、物の効用を害する行為が捕捉され、広く当該物の使用を心理
的に不能にする行為、占有を喪失させる行為、隠匿する行為が処罰の対象とな
る。これは刑法における拡張解釈の代表例と言われている。しかし、効用侵害
の限界が不明確であるため、効用をあくまでも当該物の「本来の効用」に限定
する見解が唱えられており、さらには、最終的には物の効用侵害に着目する
も、「損壊」（さらには「毀棄」、「傷害」）の文言により忠実に、物理的な作用を
通じた効用侵害の発生が、あるいは物理的な毀損結果を通じた効用侵害の発生
が必要であるとする見解も唱えられている（有形侵害説と物理的毀損説）。通説の
側は、これらの限定的な見解に対し、物理的な作用・結果を介さない効用侵害

を処罰できないのでは処罰範囲が限定されすぎてしまうこと、窃盗罪において不法領得の意思が欠けたまま犯人が財物の占有を取得する場合に、特に物理的な毀損結果が要求されてしまうと不処罰となってしまうことを批判として挙げている。

V　境界損壊罪

概　　要

（境界損壊）
第262条の2　境界標を損壊し、移動し、若しくは除去し、又はその他の方法により、土地の境界を認識することができないようにした者は、5年以下の懲役又は50万円以下の罰金に処する。

〈要　件〉
1　境界標
2　損壊、移動、除去、その他の方法
3　認識することができないようにすること

⇒未遂は不処罰。

定義と具体的適用例

1 境 界 標

⇒土地の限界を示す目印のこと

⇒他人の物、自己物、無主物のいずれでもよく、設置者が他人でも本人でもよい。地中に埋没されているものも含む。

・杭、堀、生垣、フェンスのような人為的に設置された工作物

・立木、川の流れような自然物

⇒境界：権利者を異にする土地の権利関係の場所的限界を示すもの

⇒権利関係：私法上、公法上のものを含み（府県、市町村の境界等を含む）、所有権だけでなく抵当権、賃借権、地上権等を含む。

⇒境界は法律上正当なものである必要はなく、当初は別の目的で設置され
　たものが長い年月を経て事実上境界標の役割を果たすようになったもの
　でよい（東京高判昭41・7・19高刑19・4・463）。

2 損壊、移動、除去、その他の方法

⇒行為：土地の境界を不明にする一切の行為：損壊、移動、除去は例示
　⇒その他の方法：境界の溝を埋め立てる行為、あぜを切り崩す行為、川の
　　流れを変更する行為

3 認識することができないようにすること

⇒結果犯：認識できない状態が結果として発生しなければならない。
　⇒当該境界標による境界を不明にする結果が事実上発生すれば十分であ
　　り、関係者の証言や登記簿等により境界の確定が再度可能であっても本
　　罪は成立する。
　⇒境界標を損壊するも、いまだ境界が不明にならない場合には、本罪は成
　　立せず、器物損壊罪が成立するに留まる（最判昭43・6・28刑集22・6・
　　569）。

判断基準と考え方

　本罪は、不動産侵奪罪（235条の2）とともに1960（昭和35）年の刑法一部改
正を通じて新設されたものである。保護法益は個人の財産それ自体ではなく、
土地の権利関係の明確性であり、換言すれば、境界標による土地に関する権利
関係の証明作用である。土地の境界標を損壊して、境界を認識できない結果を
引き起こしたときは、本罪と器物損壊罪の観念的競合になる（東京高判昭41・
7・19高刑19・4・463）。不動産侵奪罪の手段として、本罪に当たる行為を行っ
た場合には、不動産侵奪罪と本罪の観念的競合または牽連犯となる。

Ⅵ　信書隠匿罪

概　　要

（信書隠匿）
第263条　他人の信書を隠匿した者は、6月以下の懲役若しくは禁錮又は10万円以下の罰金若しくは科料に処する。

〈要　件〉
1　他人の信書
2　隠匿

⇒未遂は不処罰
⇒親告罪（刑法264条）

定義と具体的適用例

■ 他人の信書

⇒特定人から特定人に宛てた意思を伝える文書であり、他人の所有に属するものを言う。封がされている必要はなく、ハガキも含まれる。

⇒電磁的記録の記録媒体は文書ではないので信書には当たらない。

② 隠　匿

⇒効用侵害説：毀棄・損壊は隠匿をも含む概念

⇒信書の隠匿だけ何故軽く処罰されるのか？（法定刑の比較）。

⇒学説のバリエーション

・公用および私用文書毀棄罪・器物損壊罪における「隠匿」と信書隠匿罪の「隠匿」とを区別する見解

⇒前者の隠匿はおよそ発見を不可能あるいは著しく困難にする場合であり、後者の隠匿はそれに至らずに発見を妨害する程度の軽微の隠匿であるとする。

　　⇒そのような区別の困難性、後者の程度での軽微な隠匿から信書の
　　　みを保護することへの疑問（他の財物は保護されない）。
　・信書の隠匿のみをその違法性の低さから軽く処罰する特別の規定と
　　して理解する見解

判断基準と考え方

　通説である効用侵害説からすると、本罪は信書の隠匿に関する文書毀棄罪・
器物損壊罪の減軽類型と解されることになる（行為である隠匿に着目するか、客
体である信書に着目するか）。また、同説からすると隠匿＝毀棄・損壊であるこ
とから、信書を毀棄する行為についても本罪が成立するとも主張されている。
ただし、学説の中には、「隠匿」という文言に毀棄を含めることは困難である
として、信書の毀損についてはあくまでも文書毀棄罪・器物損壊罪が成立する
とする見解もある。これに対し、物理的な毀損結果を要求する物理的毀損説か
らすると、隠匿は本来的には毀棄・損壊には含まれないため、本罪の規定は信
書についてのみ特別に隠匿行為を処罰する処罰拡張規定として理解されること
になる。

第**10**章 権利行使と財産犯

概　要

1　ルール
① 債権、損害賠償請求権等の行使が暴行、脅迫あるいは欺罔的手段によって行われた場合
・その方法が社会通念上一般に認容すべきものと認められる範囲・程度を超える場合は財産罪（恐喝、強盗、詐欺）が成立する。
・社会通念上一般に認容すべきものと認められる程度であれば犯罪不成立
② 社会通念上認容すべき程度を超えた方法で、権利（債権）の範囲を超える金銭（金または財産上の利益）が取得された場合、権利の範囲の金額を含めて全額について財産罪が成立する。
2　理論的根拠
① 財物に対する詐欺、恐喝、強盗は個別財産に対する罪であるから、権利の金額は控除されない。
② 社会通念上一般に認容されるか否かは、違法性阻却事由の問題と考える余地もある。

定義と具体的適用例

1 社会通念上一般に認容すべき程度

・他人に対し権利を有する者が、その権利を実行することは、その権利の範囲内であつて、且つその方法が社会通念上一般に、忍容すべきものと認められる程度を越えないかぎり、なんら違法の問題を生じないけれども、右の範囲又は程度を逸脱するときは違法となり恐喝罪又は脅迫罪の成立することがあると解するのを相当とする。

そして被告人の採つた債権の行使は、社会通念上一般に、債務者の忍容すべきものと認められる程度を明らかに越えるものであるから、たとえ取り立てた金額は、債権の範囲内であつても、その方法において違法たるを免れないのである。（最判昭27・5・20裁判集刑64・575）。

・本来の債権者でもなく、又健全な社会常識に照らし債権の取立受任者としても一般に容認し難い組織暴力団体構成員である被告人において、前叙認定の如き脅迫手段をもつて債務の弁済を迫ることは、社会通念上債務者の忍容すべき程度を超えたものであることが明白であつて、被告人の本件所為は権利の正当な行使と認めるを得ず、恐喝罪に該るものといわねばならない。（名古屋高金沢支判昭45・7・30刑月2・7・739）

2 権利濫用

・「金銭債権ニ基キ仮差押ノ為執達吏ト共ニ債務者ノ住所ニ臨ミタル債権者カ債務者ヨリ現金ニ付執行アリタキ旨ノ申出アリタルニ拘ラス故ラニ債務者ヲ苦シメ一挙ニ懸案ノ債権関係ヲ解決セント企テ債務者ニ対シ和解ニ応セサレハ畳建具ニ付執行ヲ為スヘク且之ヲ他ニ搬出スヘキ旨告ケタル上執達吏ヲ慫慂シ畳建具ノ執行ニ著手セシメ因テ債務者ヲシテ已ムナク和解ニ応セシメタル行為ハ権利ノ濫用ニシテ恐喝罪ヲ構成ス」（大判昭9・8・2刑集13・1011）。

・「被告人に真実第三者の有する債権を行使する意思があつたとしても被告人が、その権利を行使するにあたり所携のジャックナイフを被害者の胸元近く突きつけ、自分は妹の為命にかけて来たのだから命をかけて話せ、話がつかねば体をあずかつていこう1万や2万の金は受取らんなど申向けて金員を要求したこと原判決の判示するところであるから、被告人の右の所為は権利行使の正当なる範囲を逸脱したものであつて権利の濫用といわねばならない。従つて被告人の所為を権利の実行なりとして恐喝罪の成立を否定することはできない。」（広島高判昭28・2・7高判特31・8）

3 「権利行使として認容される範囲を超える」の判断基準
【恐喝罪否定例】
・「権利行使の方法として相当といえるためには、請求の根拠となる権利の確実性、相手方の態度の誠実性、請求する際の言動の相当性などの事情を総合的に考慮する必要があり、本件においては、被害者の供述の信

用性に少なからぬ疑問があり、被告人らがそれ自体で脅迫と評されるような発言をしたとまでは認め難く、また、被告人らが請求の根拠とした協定書が当然無効のものとはいい難く、さらに、被害者側にも通常の契約における健全な買主とは同視し難い事情がうかがわれることなどの事情などがあることから、被告人らの請求が権利行使の相当性を欠く恐喝行為には当たらない。」(東京地判平14・3・15判時1793・156)

・「本件債権回収(権利行使)の過程で、Xを脅迫したと見られる行為が存するけれども、それに至る経緯、状況、脅迫の方法やその結果等に照らすと、その行為は社会通念上債務者の受忍すべき限度を逸脱した明らかに違法のものとまではにわかに認め難く、恐喝罪が成立するには合理的な疑いが残る。」(京都地判平10・2・25 LEX/DB25420523)。

・消費者団体の役員である弁護士及び自動車技術者が、複数の自動車製造・販売会社から自動車の欠陥に基づく損害賠償請求等の理由で多額の金員を要求した事案の一部について、「当初から被告人らの要求に応じなければ、次々に告訴や民事訴訟を提起し、」アメリカの消費者運動団体「へ通報するなど各種の攻撃を加える旨を示唆し、それに伴う利害得失を説くようなことは、示談交渉の方法として必ずしも穏当でなく、過大な請求をしたり、権利行使を口実にする場合など、場合によつては害悪の告知として不法な脅迫となり得るものではあるが、相当の資料によつて」ある車種を「欠陥車と確信し、批判・攻撃を続けて来た被告人両名により、権利行使の意図をもつてなされたものである限り、当然のことの予告・告知に過ぎないと考えることができ、欠陥車を製造した責任があると信じられている」被害者側「において忍容すべき程度を超えないものである。」また、被害者を恐れさせたものが、「告訴・民事訴訟の提起等そのものよりも、それらが新聞に大々的に取り上げられて同社のイメージダウンを来たすことに帰することは」明らかであるが、これもまた、同社の忍容すべきことに属する。他の車種についても、前記車種と「同様攻撃の対象とするかもしれないことを示唆した点などは、不穏

当な発言であり、脅迫というほかないが、副次的な発言であり」、「その余の事故の交渉とからめ、これを背景として交渉を有利に進めたことにも問題はあるが、これらは権利実現のために必要な圧力又は駆引きとして社会的に許容される程度のものと考えてよかろう」として恐喝罪の成立を否定した。（東京高判昭57・6・28刑月14・5・6・324)

・「慰謝料を要求するに際して被告人が執つた言動は、被害者から強姦された事実につき告訴すると言つているとか、又は既に支払つた前記10,000円位では納まらないという程度であり、その表現に多少の激越性があつたとしても右請求の額及び方法において右損害賠償請求権の行使の範囲を逸脱し、社会通念上忍容すべき程度を超えたものとは認められず、いまだ恐喝罪を構成するものとなすべき限りではないとするを相当とする。」（大阪高判昭34・12・18下刑1・12・2564)

【強盗罪肯定例】
・反抗を抑圧する程度の脅迫をし、相手方を著しく畏怖させて、その反抗を抑圧し、これによつて相手方をして現金5,000円を交付させて、これを受領したのであるから、権利行使の方法が右の程度を逸脱し違法であることは、疑がない。（名古屋高判昭38・4・15下刑5・3＝4・201)

【詐欺罪肯定例】
・「被告人が正当に取立委任を受けた金額については権利を行使する意思であったとしても、被告人が水増請求の欺罔手段を使用して現金又は小切手を受領した行為は、委任に基づく権利行使の手段として社会通念上許容される範囲を逸脱し、権利の濫用であって、欺罔手段及び現金又は小切手の受領即ち所持の侵害を行為全体として違法性を帯びるから、被告人が取得した現金又は小切手の全額につき詐欺罪が成立する。」（東京高判昭38・9・6高刑16・7・499)

・「被告人らの本件行為は、その不正を看破することが著しく困難なもの

であって、欺罔の方法としても巧妙悪質なものといえること、」「さらに、欺罔の程度も、実際の処理量が約45m³であるのにその10倍以上の480m³分もの架空処理券を作成提出したものであって、絶対量としても、実際の処理量との相対量としても欺罔の程度は著しいものといえること、」「本件欺罔行為が、多額の工事代金が支払われる大規模な公共工事において、指名競争入札によってこれを落札した業者の現場責任者らによって行われていることなどの諸点からすると、本件における被告人らの行為が、社会通念に照らして権利実現の手段として許容される範囲内のものであるとは認められない。」(大阪地判平9・9・17刑集55・5・500)

4 財産犯の成立する金額

(1) 取得した全額について財産罪が成立する

【恐喝罪】

・債権取立てのためにとった手段が、権利行使の手段として社会通念上、一般に忍容すべきものと認められる程度を逸脱した手段である場合には、債権額のいかんにかかわらず、債務者から交付を受けた金額について恐喝罪が成立する。(最判昭30・10・14刑集9・11・2173 後掲「重要判例」)

【詐欺罪】

・交付を受けた財物の一部について正当に受領できる権利を有していたとしても、その権利の実行が、権利の範囲内であるとか、その方法が社会通念上一般に許容すべきものとはとうてい認めることができない場合、交付を受けた財物の全体について詐欺罪が成立する。(広島高判平14・3・26高刑速(平14)151)

・「売主又は請負人の委任に基く権利行使の手段として社会通念上許容される範囲を逸脱し、権利の濫用であつて、欺罔手段及び現金又は小切手の受領即ち所持の侵害を含む行為全体として違法性を帯びるものと認む

べく、従つて被告人が取得した現金又は小切手の全額につき詐欺罪の成立を肯定するを正当とする。右現金又は小切手の騙取に伴う民法上の効果即ち権利者に対する弁済として有効であるか否かの如き問題は些かも右見解を左右することではなく、又騙取物件の可分、不可分の性質は詐欺罪成立の範囲に何等影響を及ぼす事柄ではない。故に原判決が本件各水増詐欺の事実において、被告人が取得した現金又は小切手の全部につき詐欺罪の成立を認めたのは正当である。」（東京高判昭38・9・6高刑集16・7・499）

（2）可分の場合、権利の範囲を超える部分についてのみ犯罪成立（大審院）

・「他人ヨリ財物ノ交付ヲ受ケ又ハ財産上ノ利益ヲ領得スヘキ正当ナル権利ヲ有スル者カ之ヲ実行スルニ当リ欺罔又ハ恐喝ノ手段ヲ用キ義務者ヲシテ正数以外ノ財物ヲ交付セシメ又ハ正数以上ノ利益ヲ供与セシメタルトキハ詐欺恐喝ノ罪ハ右権利ノ範囲外ニ於テ領得シタル財産又ハ利益ノ部分ニ付テノミ成立スルモノトス」

「犯人ノ領得シタル財物又ハ利益ノ一部分ニ付キ犯罪ノ成立ヲ認ムルカ為メニハ其財物又ハ利益カ法律上可分ナルヲ要スルモノトス」（大判大2・12・23刑録19・1502）。

判断基準と考え方

■1 判断の体系的地位

権利行使として行われた場合であっても財産罪が成立する理由を、判例は、「社会通念上一般に認容される程度を超える」からであると説明する。権利の範囲を超える「権利濫用」という語を用いるものも、「権利の範囲を超える」ことを問題としている限りで同趣旨であろう。これらの言い回しには違法阻却事由を思わせるものがある。端的に違法阻却に言及する下級審判例もある（神戸地判平19・5・10 LEX/DB28135353、大阪地判平17・5・25判タ1202・285、東京地判昭52・8・12刑月9・7＝8・448、上掲東京高判昭57・6・28刑月14・5＝6・324）。これに対して、権利行使であっても財産罪が成立する理由を、個別財産

に対する罪であることに求める学説も多い。

　個別財産に対する罪と考えるか全体財産に対する罪と考えるかはおおむね占有説と本権説との争いに対応する。本権説によれば債権等の実行である以上、暴行、脅迫が用いられても財産的な法益侵害はなく、脅迫罪等が成立するにとどまり、かつ、権利の範囲を超える額の財産が取得された場合は、超過額についてのみ財産罪が成立すると考えることになる。占有説によれば占有侵害がある以上、本権に基づく占有であると否とを問わず財産罪が成立しうるから、権利行使であるか否か、ないし「社会通念上一般に認容される程度を超える」か否かは、犯罪の成否に影響する事情だと考えるとしても、損害の有無および程度とは関係しない。

　詐欺罪、恐喝罪、強盗罪が個別財産に対する罪であることを前提とする場合、権利行使だとしても犯罪の成立を否定する余地は原則としてない。個別財産に対する罪であると理解しながら、財産罪が成立しない場合があるとするときは、一般的な違法阻却事由として社会相当性を援用するしかない。その判断は、判例のいう、権利行使として認められる範囲の暴行、脅迫等であるか否かという判断と重なることになる。

　「権利行使として社会通念上一般に認容される程度を超える」か否かを恐喝罪等に特殊な違法阻却事由の問題と考える場合は、まず、構成要件該当性が権利行使であるという事情を考慮せずに肯定されなければならない。次に権利行使として行われたことが確認され、その後その態様が「社会通念上一般に認容される程度を超える」か否かが判定されることになる。この場合、債権額を超える金額が取得されたか否かは、構成要件判断としても違法阻却判断としてもおよそ考慮する余地はない。債権額を超えることが「社会通念上一般に認容される程度を超える」という判断の1つの根拠となりうるにすぎない。

　全体財産に対する罪であることから出発する場合は、まず、権利の範囲を超えた財産の取得がなされたか否かが判定され、超えている部分についてのみ恐喝罪の構成要件該当性が肯定され、そのうえで違法阻却の可否が検討されることになる。

❷「社会通念上一般に認容される程度」の基準

　請求の根拠となる権利の確実性、相手方の態度の誠実性、請求する際の言動の相当性などの事情の総合的考慮だとされる（東京地判平14・3・15判時1793・156）が、暴力団構成員が第三者の債権を執行するとして金銭を要求した場合、強度の脅迫がなされた場合（広島高判昭28・2・7高判特31・8、名古屋高金沢支判昭45・7・30刑月2・7・739）、権利行使の意思に疑いがある場合（大判昭9・8・2刑集13・1011）ないしは権利実行に藉口した場合（最決昭26・6・1刑集5・7・1222）には、「権利濫用」であって「社会通念上一般に認容される程度」を超えるとされる。脅迫の強度という観点からは、強盗（反抗抑圧）の程度に達している場合は直ちにこの範囲を超えるとされるものと思われる（名古屋高判昭38・4・15下刑5・3＝4・201）。詐欺については欺罔の巧妙さ、虚偽の程度が大幅であること（大阪地判平9・9・17刑集55・5・500）が考慮され、恐喝罪についても共通するが、第三者の権利を権利者の委任を受けて行使しようとしたことも一定の役割を果たしているようにみえる。

　他方、債務の履行の要求に際して怒号したり机を叩いたりしたというだけでは、直ちに恐喝罪が成立するというわけではなく、一般に認容される程度を超えないと判断する根拠としては、要求した金銭・利益が権利の範囲内であること、脅迫的言動の程度（大阪地判平17・5・25判タ1202・285）、権利行使に至る経緯、状況、脅迫の方法やその結果等（京都地判平10・2・25 LEX/DB25420523）が挙げられている。

重要判例

　最判昭30・10・14刑集9・11・2173
〔事実の概要〕
　被告人らは、債務者に対して要求に応じない場合には身体に危害を加えるような態度を示して債権を取り立てた。
〔判　旨〕
　「他人に対して権利を有する者が、その権利を実行することは、その権利の範囲内であり且つその方法が社会通念上一般に忍容すべきものと認められる程

度を超えない限り、何等違法の問題を生じないけれども、右の範囲程度を逸脱するときは違法となり、恐喝罪の成立することがあるものと解するを相当とする（昭和26年（れ）2482号同27年5月20日第三小法廷判決参照）。本件において、被告人等が所論債権取立のために執つた手段は、原判決の確定するところによれば、」もし債務者である被害者において「被告人等の要求に応じないときは、同人の身体に危害を加えるような態度を示し、且同人に対し被告人」等は「俺達の顔を立てろ」等と申向け被害者をしてもし「その要求に応じない時は自己の身体に危害を加えられるかも知れないと畏怖せしめたというのであるから、もとより、権利行使の手段として社会通念上、一般に忍容すべきものと認められる程度を逸脱した手段であることは論なく、」従って、原判決が右の手段により被害者をして金6万円を交付せしめた被告人等の行為に対し、被告人の被害者に対する「債権額のいかんにかかわらず、右金6万円の金額について恐喝罪の成立をみとめたのは正当である。」

第11章 不法原因給付と財産犯

概　要

（不法原因給付）
民法第708条　不法な原因のために給付をした者は、その給付したものの返還を請求することができない。ただし、不法な原因が受益者についてのみ存したときは、この限りでない。

〈問題の所在〉
民法708条により返還請求できない不法原因給付物を巡っても財産罪は成立するか。
①詐欺罪
・不法原因を偽って財物を給付させる場合
　【例】犯罪を犯す対価もしくは資金と偽って金銭を交付させる
・不法原因給付物の返還またはその対価の支払いを欺く行為によって免れる場合

②横領罪
・不法原因により委託された物を領得する場合
　【例】犯罪資金として委託された物の費消

③2項強盗罪
・不法原因給付物の返還またはその対価の支払いを暴行脅迫によって免れる場合

＊判例はいずれの場合にも犯罪の成立を認める。

④恐喝罪
・反抗を抑圧するに至らない脅迫によって不法原因給付を行わせる場合　　実例なし

⑤窃盗罪
⇒1項強盗罪については被害者の意思に基づいて給付がなされることがないので問題が成立しない。

具体的適用例

1 詐 欺 罪

・職業的に売淫行為をする意思もなく前借金の返済の意思もないのにあるかのように装って、前借金を交付させた場合は、詐欺罪が成立する。

　「たといその交付が不法原因に基くものであるの故を以て相手方より犯人に対しその返還請求をすることができない場合であつてもそれは相手方に対する私法上の制裁であつて刑罰権の対象たる詐欺罪の成立を妨ぐるものではない。けだしかかる犯人を処罰する必要がある所以は詐欺罪は単に財産権の保護を法益とするだけでなくかかる不法手段に出でたる行為は社会の法的秩序を紊乱するものである故であり、社会秩序をみだす危険のある点においては不法原因乃至非債弁済に基く給付たると然らざる給付たるとによりその結論を異にしないからである。」（福岡高判昭31・11・9高刑9・9・1072。事案詳細不明ながら同旨と思われるものとして最決昭33・9・1刑集12・18・2833）

・殺害を依頼されたのをよいことに、殺害を実行する意思はまったくなくその準備もしていないのに、手付金を払えばすぐにでも殺害を実行するよう依頼者に誤信させて、共犯者に金銭を受領させた場合、詐欺罪が成立する（神戸地判平14・1・8LEX/DB28075171）。

・たとえ被害者が贈賄を期待するなどの意図をもって被告人に小切手等を交付したとしても、被告人において、被害者の期待するように贈賄するなどの意思がないのにその意思があるように装って小切手等の交付を受けて被害者らの財産権を侵害した以上、被告人の行為が詐欺罪の規定の適用を免るべき理由はない（東京高判昭45・1・19判タ246・279）。

2 2項強盗殺人罪

・麻薬購入資金として託された金銭を領得するため、その返還を請求した委託者を殺害した場合は2項強盗殺人罪が成立する（最判昭35・8・30刑集14・10・1418）。

・競輪のノミ行為のための金銭の出捐は、不法原因給付にあたり、裁判上の

返還請求が直ちに認容される性質のものではないが、刑法236条２項にいう「利益」は、民事法上正当に返還請求が出来るものに限らず、当事者が任意に交付すれば、やはり債務の返済に該当するような性質のものでもその対象になるものと解される。右金員の返還要求を断とうとして請求者を殺害した行為は、強盗殺人罪に該当することは明らかである（浦和地判昭61・3・27判タ626・222）。

3 横　領　罪

・被告人の保管にかかる現金が違法な方法により県予算を現金化したものであっても、その一事により直ちに被告人の受託にかかる右金員が、不法の原因に因り給付を受けたものということを得ないのみならず、仮りに不法の原因に因る給付であるため、寄託者が寄託物の返還請求権を有しない場合においても、受託者がこれを不法領得の意思をもってほしいままに処分すれば、横領罪が成立する（最決昭33・1・14裁判集刑123・23）。

・他人の犯罪をもみ消すために警察職員に贈賄する費用として委託を受け保管していた金銭をことごとくに費消した場合、横領罪が成立する（最判昭27・5・20裁判集刑64・597）。

重要判例

1 不法原因給付と詐欺罪

最判昭25・7・4刑集4・7・1168

〔事実の概要〕

被告人等は、かねて被害者から代金54万円で買い受ける契約をしていた綿糸１梱半の残代金52万円が入っているように装って、２個の鞄のうち１個には現金25万円を入れ、他の１個には古雑誌15冊を入れたものを被害者に渡し、同人をして真実右残代金の支払いを受けるものと誤信させ、よって同人から右綿糸１梱半の交付を受けて騙取した。

原審は、おおむね右のような事実認定に基づき詐欺罪の成立を認めたが、被告人は、一般に駆け引きの甚だしい「闇取引の行動については、取引の当事者

の財産的利益は刑法の対象にはならない。」などと主張して上告した。

〔判　旨〕　上告棄却

「被害者が本件綿糸を処分したことが統制法規に違反する所謂闇行為であるとしてもそれによって被告人の詐欺罪の成立に消長を来すいわれはない。けだし欺罔手段によって相手方の財物に対する支配権を侵害した以上、たとい相手方の財物交付が不法の原因に基づいたものであって民法上其返還又は損害賠償を請求することができない場合であっても詐欺罪の成立を妨げるものではないからである。」「詐欺罪の如く他人の財産権の侵害を本質とする犯罪が、処罰されたのは単に被害者の財産権の保護のみにあるのではなく、かかる違法な手段による行為は社会の秩序を乱す危険があるからである。そして社会秩序をみだす点においては所謂闇取引の際に行われた欺罔手段でも通常の取引の場合と何等異なるところはない。従って、闇取引として経済統制法規によって処罰される行為であるとしても相手方を欺罔する方法即ち社会秩序をみだすような手段を以て相手方の占有する財物を交付せしめて財産権を侵害した以上被告人の行為が刑法の適用をまぬかるべき理由はない。」

❷ 不法原因給付と横領罪

最判昭23・6・5刑集2・7・641

〔事実の概要〕

被告人は第三者の収賄行為を隠蔽する手段としてその者の上司である警察署主任等を買収するため金銭を受け取り保管中、犯意を継続して数回にわたり、その金銭の大半を自己のモルヒネ買入代金等に費消した。

〔判　旨〕

「不法原因の為め給付をした者はその給付したものの返還を請求することができないことは民法第708条の規定するところであるが横領罪の目的物は単に犯人の占有する他人の物であることを要件としているのであつて必ずしも物の給付者において民法上その返還を請求し得べきものであることを要件としていないのである。」他に贈賄する目的をもつて本件金員を「受取り保管していたものであるから被告人の占有に帰した本件金員は被告人の物であるといふことはできない。又金銭の如き代替物であるからといつて直ちにこれを被告人の財

物であると断定することもできないのであるから本件金員は結局被告人の占有する他人の物であつてその給付者が民法上その返還を請求し得べきものであると否とを問わず被告人においてこれを自己の用途に費消した以上横領罪の成立を妨げないものといわなければならない。」

第12章　不法領得の意思

概　　要

大判大4・5・21刑録21・663：窃盗罪
「権利者を排除して他人の物を自己の所有物としてその経済的用法に従い之を利用若くは処分するの意思」
　　→戦後：表現の変化
　　→「自己の所有物として」→「自己の所有物と同様に」（最判昭26・7・13刑集5・8・1437：窃盗罪）

〈要　件〉
1　前半部分　　権利者排除意思
2　後半部分　　利用処分意思

⇒条文に規定されていない書かれざる構成要件要素
■自ら領得する意思だけでなく、第三者に領得させる意思をも含む：第三者の範囲？

定義と具体的適用例

1 不法領得の意思の機能

⇒故意（構成要件該当事実の認識）とは別個に要求される主観的要件

　　⇒主観的違法要素（通説）

　⇒窃盗罪、不動産侵奪罪、強盗罪、詐欺罪、恐喝罪、横領罪、盗品関与罪といった領得罪について要求される。

　　⇒財物罪だけでなく、利得罪についても不法領得の意思は要求されるが、以下のような特殊性が指摘されている。

　　　⇒不法領得の意思の内容は財産上の利益を受ける目的であるので、利得罪の故意と実際上重なる（井田・228頁注59参照）。

　　　⇒「一時使用の目的で、暴行脅迫により財物を奪っても、おそらく2

項の強盗罪になるといえよう。」（団藤564頁注12）。

⇒「財物についての不法領得の意思が欠けるため1項詐欺罪が成立しない場合においても、2項詐欺罪の成立の可能性がある。」（高橋237頁）。

⇒**権利者排除意思：不可罰である使用窃盗（無断一時使用）を除外する機能**

⇒**権利者排除意思が欠ける場合には不可罰の使用窃盗となる。**

※可罰的違法性が欠けるだけであり、違法な行為ではあるとされている。

⇒**利用処分意思：領得罪と毀棄罪を限界づける機能**

⇒**利用処分意思が欠ける場合には毀棄罪しか成立しない。**

❷ 学説・判例

・**通説・判例：不法領得の意思を肯定する。**

⇒判例：・校長に対する嫌がらせ目的による教育勅語の隠匿（大判大4・5・21刑録21・663：窃盗否定）

・一時的に使用できなくさせるための自動車登録原簿の持ち出し（東京高判昭30・4・19高刑8・3・337：窃盗否定）

・仕返しのため海中に投棄する目的での被害者宅からの電動のこぎりの持ち出し（仙台高判昭46・6・21高刑24・2・418：窃盗否定）

・殺害後、犯行の発覚を防ぐため腕時計等の貴金属類を死体からはがす行為（東京地判昭62・10・6判時1259・137：窃盗否定）

⇒使用窃盗に関する判例の変遷：権利者排除意思を緩やかに認める方向性

⇒当初：返還意思の有無に着目：自転車の無断一時使用の事案

・大判大9・2・4刑録26・27

・京都地判昭51・12・17判時847・112

⇒その後、返還意思だけに着目せず、使用期間の長短、使用に伴い被害者が被った損害、被害者の利用可能性の排除の程度

といった客観的要素が考慮されている：自動車の無断一時使用の事案

- ・最決昭43・9・17判時534・85（盗品運搬のために他人の自動車を無断で使用し、翌朝元の場所に戻す行為の反復）
- ・最決昭55・10・30刑集34・5・357（他人所有普通乗用自動車「時価約250万円相当」を4時間あまり無断で市内を乗り回し）

⇒機密資料をコピー目的で一時的に持ちだす行為（産業スパイ）

- ・東京地判昭55・2・14刑月12・1＝2・47

⇒権利者排除意思の内容

⇒一般に権利者が許容しないであろう程度・態様の利用をする意思（西田174頁）

⇒窃盗罪の可罰的違法性に見合う程度に、権利者をその財物の使用・処分から排除する意思（松宮217頁）

⇒権利者排除意思が客観的基準によって判断されている？⇒権利者排除意思否定説に至る？

⇒改正刑法草案322条　占有者の同意を得ないで、他人の自動車、航空機その他原動機を備えた乗物を一時的に使用した者は、3年以下の懲役、10万円以下の罰金又は拘留に処する。

⇒利用処分意思：「経済的用法」に限られず、物の本来的用法、更には当該物から何らかの効用を享受する意思があれば足りる。

- ・木材を繋留するための他人所有の電線を切り取る行為（最決昭35・9・9刑集14・11・1457）

・不法領得の意思否定説

⇒全面肯定説と全面否定説の対立：保護法益論（本権説と占有説の対立）と連動？

⇒ただし、判例の立場：占有説をとりながら、不法領得の意思を要求している。

・権利者排除意思のみを要求する見解

⇒利用処分意思を不要とする。

⇒毀棄目的であったとしても占有侵害がある限り窃盗罪が成立する。

⇒通説への批判：毀棄目的で占有を侵害するも、その後財物を破壊しないで放置する場合、器物損壊罪の未遂は不処罰なので、処罰できなくなる。また、同様に毀棄目的で占有を侵害した後に、不法領得の意思が生じて財物を領得した場合にも不都合が生じる？

　　⇒しかし、放置するにせよ隠匿の意思がある限りは、効用侵害説からすると器物損壊罪は成立する。また、事後的に不法領得の意思が生じて領得する場合も占有離脱物横領罪で処罰が可能。

⇒法定刑の差の説明：窃盗罪と器物損壊罪⇒前者の方がはるかに重い。

　　⇒客観的には同様の占有侵害であったとしても領得目的による場合を重く処罰する一般予防上の考慮：通説のように、毀棄目的か領得目的かを区別せざるを得ない。

⇒利用処分意思を不要と解する場合、毀棄目的であれ客観的な占有侵害があれば窃盗罪が成立する：毀棄罪の成立範囲が狭くなる（占有を侵害せずにその場で破壊する場合だけとなる）。

・利用処分意思のみを要求する見解

　⇒権利者排除意思を不要とする。

　⇒使用窃盗も客観的に占有侵害がある限り原則的に可罰的であるとする。

　　⇒その内で可罰性が欠けるものについては、客観的な占有侵害の軽微性（事後的な占有侵害の程度）から占有侵害あるいは可罰的違法性がないと説明する。

　　⇒しかし、窃盗罪は状態犯であるので、事後的な占有侵害の程度は可罰性を判断する基準にはならないはず（占有侵害時が基準となるべき）。

③ 詐欺罪における不法領得の意思

⇒詐欺罪も領得罪であるので不法領得の意思は必要。

　⇒詐欺罪においては利得目的（不法に利益を得る意思）が必要であるが、これは不法領得の意思を含むがそれよりも広い概念である（松宮255頁以下）。

　⇒２項詐欺罪の存在

⇒1項詐欺罪には不法領得の意思が必要とされている。

　⇒最決平16・11・30刑集58・8・1005（支払督促制度の悪用：廃棄するだけで利用処分意思はないとした。）

4 横領罪における不法領得の意思

⇒判例の定義：**「他人の物の占有者が委託の任務に背いて、その物につき権限がないのに所有者でなければできないような処分をする意志」**（最判昭24・3・8刑集3・3・276）

　⇒窃盗罪における不法領得の意思との相違

　　⇒占有の侵害による権利者の排除は問題とはされていない。

　　⇒経済的用法に従って利用する意思は考慮されていない。

　　　⇒毀棄隠匿の意思も含まれることになる（大判大2・12・16刑録19・1440）。

　⇒学説の多く：窃盗罪の場合と同様のものであるべきとする。

⇒横領行為：不法領得の意思を実現する一切の行為 **（領得行為説）**。

　⇒不法領得の意思は横領罪の故意と重なることになる。

⇒横領罪において不法領得の意思が問題となる類型

　⇒一時使用（使用横領）：大阪高判昭46・11・26高刑24・4・741（3時間程度で返す約束で自動車を借り受けた者が8日間に渡り乗り回した事案：不法領得の意思肯定）

　　⇒補填意思がある場合：使途を特定された金銭その他の保管物の一時流用については、後日補填する意思と資力があっても横領罪になる。

　　　・大判明44・6・10刑録15・759、最判昭24・3・8刑集3・3・276

　　⇒学説：不法領得の意思が欠けるとする見解が有力。

　⇒穴埋め横領：判例・多数説⇒横領罪の成立を肯定。

　⇒相殺：適法な相殺の意思がある場合には不法領得の意思は欠けるとされている。

　　　・名古屋高判昭36・7・31高刑14・4・262

⇒第三者に領得させる意思：通説・判例⇒第三者に領得させる意思も不法
　領得の意思に含まれるとする。
　　　・大判大12・12・1刑集2・895
⇒専ら委託者本人のためにする意思：その場合には不法領得の意思は欠け
　るので横領罪は成立しない。
　　　・大判大15・4・20刑集5・136：寺院建設費にあてるため無断で寺
　　　　の什器の売却：横領罪否定。
　⇒本人のためにする意思でも、違法な目的の場合のように本人でもなし
　　えない行為の場合？
　　　・大判明45・7・4刑録18・1009（取締役が会社の目的外に会社財産
　　　　を処分する行為：横領罪肯定）
　　　・最判昭34・2・13刑集13・2・101（森林組合事件：横領罪肯定）
　　　・最決平13・11・5刑集55・6・546（国際航業事件：行為の客観的性
　　　　質の問題と行為者の主観の問題は本来別個のものであるとした。ただ
　　　　し、結論的には（業務上）横領罪肯定）

5　盗品関与罪における不法領得の意思

⇒多数説：本罪において不法領得の意思を問題としない。
⇒更なる学説のバリエーション
　・追求権侵害の意思を本罪における不法領得の意思とする見解
　・その行為によって自ら盗品等を不法に領得し、または本犯の不法領得
　　を安全ならしめる意思とする見解
　・無償ないし有償の譲受罪は間接的な領得罪であり、不法領得の意思が
　　必要であるが、運搬、保管、有償処分あっせんには、他者の不法領得
　　を維持し、または他者に不法領得させる意思が必要であろうとする見
　　解（松宮312頁以下）

重要判例

最決平16・11・30刑集58・8・1005

〔事実の概要〕

被告人は、金員に窮し、支払督促制度を悪用して叔父の財産を不正に差し押さえ、強制執行することなどにより金員を得ようと考え、被告人が叔父に対して6000万円を超える立替金債権を有する旨の内容虚偽の支払督促を申し立てたうえ、裁判所から債務者とされた叔父あてに発送される支払督促正本および仮執行宣言付支払督促正本について、共犯者が叔父を装って郵便配達員から受け取ることで適式に送達されたように外形を整え、叔父に督促異議申立ての機会を与えることなく支払督促の効力を確定させようと企てた。そこで、共犯者において、2回にわたり、あらかじめ被告人から連絡を受けた日時頃に叔父方付近で待ち受け、支払督促正本等の送達に赴いた郵便配達員に対して、自ら叔父の氏名を名乗り出て受送達者本人であるように装い、郵便配達員の求めに応じて郵便送達報告書の受領者の押印または署名欄に叔父の氏名を記載して郵便配達員に提出し、共犯者を受送達者本人であると誤信した郵便配達員から支払督促正本等を受け取った。なお、被告人は、当初から叔父あての支払督促正本等を何らかの用途に利用するつもりはなく速やかに廃棄する意図であり、現に共犯者から当日中に受け取った支払督促正本をすぐに廃棄している。

〔要　旨〕

本件において、被告人は、前記のとおり、郵便配達員から正規の受送達者を装って債務者あての支払督促正本等を受領することにより、送達が適式にされたものとして支払督促の効力を生じさせ、債務者から督促異議申立ての機会を奪ったまま支払督促の効力を確定させて、債務名義を取得して債務者の財産を差し押さえようとしたものであって、受領した支払督促正本等はそのまま廃棄する意図であった。このように、郵便配達員を欺いて交付を受けた支払督促正本等について、廃棄するだけで外に何らかの用途に利用、処分する意思がなかった場合には、支払督促正本等に対する不法領得の意思を認めることはできないというべきであり、このことは、郵便配達員からの受領行為を財産的利得を得るための手段の一つとして行ったときであっても異ならないと解するのが相当である。そうすると、被告人に不法領得の意思が認められるとして詐欺罪の成立を認めた原判決は、法令の解釈適用を誤ったものといわざるを得ない。

判断基準と考え方

　不法領得の意思は、通説判例上領得罪について要求される、故意とは別個の主観的要件である。ドイツ刑法とは異なり条文上は規定されていないが、書かれざる構成要件要素であると考えられている。不法領得の意思の要否が盛んに論じられるのは、窃盗罪においてである。不法領得の意思は、権利者排除意思と利用処分意思の２つの要素からなるが、権利者排除意思が要求されることにより、無断一時使用である使用窃盗の不可罰性が基礎づけられ、利用処分意思が要求されることにより、単なる毀棄隠匿目的しかない毀棄罪（器物損壊罪を代表とする）との区別が図られる。つまり、客観的に占有侵害がなされようとも、その際に利用処分意思がなければ窃盗罪は成立しないことになる。他の領得罪についても、不法領得の意思は判例上問題となっており、例えば詐欺罪についても要求される。また、横領罪については判例上その特性に応じて不法領得の意思の内容は異なって定義されている。

財産犯の保護法益

概　要

> **（窃盗）**
> **第235条**　他人の財物を窃取した者は、窃盗の罪とし、10年以下の懲役又は50万円以下の罰金に処する。
> **（他人の占有等に係る自己の財物）**
> **第242条**　自己の財物であっても、他人が占有し、又は公務所の命令により他人が看守するものであるときは、この章の罪については、他人の財物とみなす。

〈242条　要件〉
1	自己の財物	自己の財物	犯人の所有に属する
2	他人の占有	他人の占有	行為者以外の第三者 事実上の支配
	公務所の命令により他人が看守するもの		

定義と具体的適用例

■1 自己の財物

- ・自己の財物＝犯人の所有に属する財物
- ・犯人と犯人以外の者との共有物は、「他人の財物」にあたるから、本条は適用されない。
- ・犯人の所有に属するかどうかは、民法の規定により定まる。
- ・不動産侵奪罪や強盗利得罪における不動産も本条の「財物」にあたる。

■2 他人の占有

- ・他人＝行為者以外の第三者
- ・占有＝物の所持という事実上の状態（最判昭24・2・15刑集3・2・175）。

❸ 公務所の命令により他人が看守するもの

・公務所の処分によって所有者の事実上の支配力を排除し、もって公務所の
事実上の支配内に移した物を、第三者が公務所の命令をうけて自己の事実
上の支配内においたもの。

・他人＝行為者以外の第三者。行為者の妻も含まれる（大判大4・9・10刑録
21・1284）。

❹ 財産犯の保護法益に関する判例など

・恩給年金の帯有者が、担保に供することが法律上禁止されている恩給年金
証書を債権の担保として債権者に交付した後、債権者の意に反し又はこれ
を欺いてそれを取り戻した事案（大判大7・9・25刑録24・1219［窃盗罪又は
詐欺罪否定］）

　　「恩給年金等ヲ譲渡又ハ担保ノ目的ニ供スルハ脱法行為ニシテ無効タル
ヲ免レサルカ故ニ恩給年金ノ帯有者カ其恩給年金ヲ債務ノ担保ニ供スル目
的ニテ其証書を債権者ニ交付スルモ其名義ノ如何ヲ問ハス債権者ハ其証書
ニ付キ何等ノ権利ヲ得ルコトナク反之帯有者ハ何時ニテモ其証書ノ占有ヲ
回復スルノ権アリト謂ハサルヘカラス是ヲ以テ恩給年金ノ帯有者カ其証書
ヲ債権担保ノ為メ債権者ニ交付シタル後債権者ノ意ニ反シ又ハ之ヲ欺罔シ
テ其占有ヲ回復スルコトアルモ刑法第二百四十二条第二百五十一条ニ依リ
之ヲ窃盗罪又ハ詐欺罪ニ問擬スヘキモノニ非ス」

・盗品を運搬中の者に対し「警察の者だが取調の必要があるから差し出せ」
等と虚偽の事実を申し向け、その盗品を交付させた事案（最判昭24・2・8
刑集3・2・83）［恐喝罪肯定］

　　盗品について、「正当な権利を有しないことは明らかである。しかし正
当の権利を有しない者の所持であっても、その所持は所持として法律上の
保護を受けるのであって、例へば窃取した物だからそれを強取しても処罰
に値しないとはいえないのである。恐喝罪についても同様であって、贓物

を所持する者に対し恐喝の手段を用いてその贓物を交付させた場合には矢張り恐喝罪となるのである。従って原判決が本件を恐喝罪として問擬したのは正当である。」

・私人の所持が禁ぜられている、いわゆる隠匿物質による元軍用アルコールを所持する者から、それを詐取した事案（最判昭24・2・15刑集3・175）［詐欺罪肯定］

　　「刑法における財物取罪の規定は人の財物に対する事実上の所持を保護せんとするものであつて、これを所持するものが、法律上正当にこれを所持する権限を有するかどうかを問はず、たとい刑法上その所持を禁ぜられている場合でも現実にこれを所持している事実がある以上社会の法的秩序を維持する必要からして、物の所持という事実上の状態それ自体が独立の法益として保護せられみだりに不正の手段によつて、これを侵すことを許さぬとする趣意である。」
　　不法に所持する連合国占領軍物資に関して、最判昭25・4・11刑集4・4・582は、同様の判示をして、恐喝罪を肯定している。

・受給権を担保に供することが禁止されていた国鉄公傷年金の証書の所有者が、債権者に担保として差し入れたその証書を欺罔手段により交付させた事案（最判昭34・8・28刑集13・10・2905）［詐欺罪肯定］

　　「刑法における財物取得罪の規定をもつて、人の財物に対する事実上の所持を保護しようとするものであつて、その所持者が法律上正当にこれを所持する権限を有するかどうかを問わず物の所持という事実上の状態それ自体が独立の法益として保護され、みだりに不正の手段によつて侵害することを許さないとする法意であると判示した趣旨にもそうものである。この点において、刑法242条、251条の規定をもつて、正権限により他人の占有する自己の財物の場合に限り適用されるべきものとした大審院判例（大正7年9月25日刑録24輯1219頁）は、変更を免れない。」

・譲渡担保にとった貨物自動車の所有権が債権者に帰属しているとみられる場合に、債務者側のもとで引き続き占有保管しているその自動車を、無断で債権者が運び去った事案（最判昭35・4・26刑集14・6・748）［窃盗罪肯定］

　「他人の事実上の支配内にある本件自動車を無断で運び去つた被告人の所為」は窃盗罪にあたる。

・買戻約款付自動車売買契約により自動車金融をしていた貸主が、借主の買戻権喪失により自動車の所有権を取得した後、借主の事実上の支配内にある自動車を承諾なしに引き揚げた事案（最決平1・7・7刑集43・7・607）［窃盗罪肯定］

　「被告人が自動車を引き揚げた時点においては、自動車は借主の事実上の支配内にあつたことが明らかであるから、かりに被告人にその所有権があつたとしても、被告人の引揚行為は、刑法242条にいう他人の占有に属する物を窃取したものとして窃盗罪を構成するというべきであり、かつ、その行為は、社会通念上借主に受忍を求める限度を超えた違法なものというほかはない。」

重要判例

窃盗罪の保護法益

　最決平1・7・7刑集43・7・607、判時1328・151、判タ711・199
〔事実の概要〕
　被告人は、営業所を訪れた客に対し、自動車の時価の2分の1ないし10分の1程度の融資金額を提示したうえ、用意してある買戻約款付自動車売買契約書に署名押印させて融資をしていた。契約書に書かれた契約内容は、借主が自動車を融資金額で被告人に売渡してその所有権と占有権を被告人に移転し、返済期限に相当する買戻期限までに融資金額に一定の利息を付した金額を支払って買戻権を行使しない限り、被告人が自動車を任意に処分することができるとい

うものであった。しかし、契約当事者の間では、借主が契約後も自動車を保管し、利用することができることは、当然の前提とされていた。また、被告人としては、自動車を転売した方が格段に利益が大きいため、借主が返済期限に遅れれば直ちに自動車を引き揚げて転売するつもりであったが、客に対してはその意図を秘し、客には契約書の写しを渡さなかった。被告人らは、返済期限の前日又は未明、ないし、返済期限の翌日未明又は数日中に、借主の自宅、勤務先等の保管場所に赴き、同行した合鍵屋に作らせた合鍵又は契約当日自動車の点検に必要であるといって預かったキーで密かに合鍵屋に作らせたスペアキーを利用し、あるいはレッカー車に牽引させて、借主等に断ることなしに自動車を引き揚げ、数日中にこれらを転売し、あるいは転売しようとしていた。

〔要　旨〕　上告棄却

「以上の事実に照らすと、被告人が自動車を引き揚げた時点においては、自動車は借主の事実上の支配内にあつたことが明らかであるから、かりに被告人にその所有権があつたとしても、被告人の引揚行為は、刑法242条にいう他人の占有に属する物を窃取したものとして窃盗罪を構成するというべきであり、かつ、その行為は、社会通念上借主に受忍を求める限度を超えた違法なものというほかはない。したがつて、これと同旨の原判決の判断は正当である。」

判断基準と考え方

1 本条の趣旨

刑法第2編第36章窃盗及び強盗の罪の各罪は、原則として、「他人の」財物・物を客体としているが、自己の財物でも、他人が占有し、または公務所の命令により他人が看守するものは、刑法上の保護に値するため、本章の罪の客体としたのが本条である。本条の規定は、詐欺・恐喝罪等にも準用されている（251条）。しかし、「刑法242条は、同法36章の窃盗及び強盗の罪の処罰の範囲を拡張する例外規定であり、その適用範囲を」限定しているのであるから、森林法197条の森林窃盗罪にも適用されるものと解することは、罪刑法定主義の原則に照らし許されないと解するのが判例（最決昭52・3・25刑集31・2・96）である。

❷ 財産犯の保護法益

窃盗罪・詐欺罪等の占有移転罪の保護法益については、古くから、本権説と所持説（占有説）とが対立してきた。この対立は、主に、242条の他人の「占有」の意義をめぐって争われている。

本権説は、財物に対する所有権その他の本権（他人の占有の基礎にある地上権、質権等の民法上の権利）を保護法益とする見解である。本権説は、民法上保護される権利だけを刑法で保護すればよいという考えを基礎としており、窃盗罪を規定した235条が、「他人の財物」と規定していることからも明らかであると主張する。他方、占有説（所持説）は、財物の単純な占有（所持）自体を保護法益とする見解である。占有説は、財物の所持という事実状態それ自体を保護すべきであるという考えを基礎としており、235条が「他人の所有物」と明記していない以上、所有権の侵害のみを対象とするわけではなく、また、自己の所有物であっても、「他人の占有」する物を奪い取った場合が処罰される242条の規定の存在等もあり、財物の占有それ自体を保護することが、刑法上も明らかになったと説明する。

本権説と占有説の相違は、例えば、(1)自己の所有する財物を窃取された者が、犯人から取り戻す事案（242条の適用場面）において、特に表面化する。本権説では、盗まれた自己の所有物を窃盗犯人から取り戻しても、所有権その他の本権を侵害していないため、窃盗罪にはならない。しかし、占有説では、占有を侵害する以上、所有者が自らの財物を取り戻すことは窃盗罪を構成することになる（ただし、自救行為が認められる可能性はある）。

本権説か占有説かの相違は、(1)の自己の財物の取戻しの事案（242条の適用場面）以外にも(2)禁制品の窃取や(3)窃盗犯人からの第三者の窃取の事案などにおいても、結論に影響を及ぼす。本権説によれば、(2)や(3)の事案においても、民法上保護される所有権の侵害が認められないので、窃盗罪は成立せず、占有説によれば、(2)や(3)の事案についても窃盗罪が成立する可能性がある。

❸ 判例の立場

大審院は、本権説に立脚し、債務者が、債権者から担保を禁じられた恩給年金証書を取り戻した行為について、占有が適法でないことを理由に窃盗罪、詐

欺罪の成立を否定した（大判大7・9・25刑録24・1219）。しかしその後、戦後になって、最高裁は、盗品を運搬中の者から、それを喝取した行為を恐喝罪で処罰し（最判昭24・2・8刑集3・2・83）、また禁制品である隠匿物資を詐取した事案について、取引社会の法秩序を維持するためにも、「物の所持という事実上の状態それ自体が独立の保護法益」であるとして詐欺罪を肯定した（最判昭24・2・15刑集3・2・83）。もっとも、これらの判例で問題となったのは、他人所有の財物であった。このような「占有説」の表現を用いた判決は、242条が問題となる事案においても転用されていき、担保提供が禁止されていた国鉄公傷年金証書を担保に入れていた債務者が、債権者からそれを詐取した事案について、大審院大正7年の判決を明示的に変更し、詐欺罪の成立が認められた（最判昭34・8・28刑集13・10・2906）。同様のことは、窃盗罪についても妥当するので、最高裁は、譲渡担保権者が債務者の下にあるトラックを無断で持ち去ったという事案について、自動車が「他人の事実上の支配内」にあったことを理由として、窃盗罪の成立を肯定した（最判昭35・4・26刑集14・6・748）。

　さらに、自動車金融を営んでいた債権者が、買戻約款付自動車契約を債務者との間で締結し、借金の返済期限を過ぎた数日後に、密かに作成したスペアキーなどを利用して、無断で自動車を引き揚げた事案についても、窃盗罪にあたると判示している（最決平1・7・7刑集43・7・603）。最高裁は、行為の時点で「自動車は借主の事実上の支配内にあったことが明らかであ」り、かりに犯人側に所有権があるとしても、無断で引き揚げる行為は、「242条にいう他人の占有に属する物を窃取したものとして窃盗罪を構成するというべきであり、かつ、その行為は、社会通念上借主に受忍を求める限度を超えた違法なものというほかない。」と判示した。

　以上のことから、現在の判例は、行為者が事実上の占有を侵害している限り、窃盗罪の構成要件該当性を肯定し、例外的に、違法性阻却の可能性を認める占有説の理論構成を採用していると評価することができる。このような占有説は、財産の権利関係が複雑化・外様化している現代社会において、民事上の権利関係を明らかにすることなく、窃盗罪の成否を判断することができ、また、自力救済を原則禁止している法治国家的要請にも応えることができると主張している。

4 中 間 説

　本権説によれば、禁制品の窃取や窃盗犯人からの第三者の窃取の場合（(2)・(3)事案）における行為者が不可罰となり、民法上の権利を保護するだけでは十分とはいえない。他方、占有説の立場でも、窃盗犯人から盗まれた自己の財物を取り戻した場合（(1)事案）における行為者にも、原則として窃盗罪が肯定されることになる。このような本権説や占有説の問題点を踏まえ、現在、本権説から出発しながらも、それを一定程度拡張する見解や占有説から出発しながらも、それを一定程度限定する見解、いわゆる中間説が支持を集めている。これらの見解は、242条の「自己の財物であっても、他人が占有し……」の「占有」を、「権利主張することについて一応の合理的理由がある占有」、「民事法上認めうる利益が存在する合理的な可能性がある占有」や「平穏な占有」と限定解釈することになる。中間説によれば、禁制品の窃取や窃盗犯人からの第三者の窃取の場合（(2)・(3)事案）、窃盗罪が認められ、窃盗犯人から盗まれた自己の財物を取り戻した場合（(1)事案）、窃盗罪が否定される場合がありうるという結論において、一致しているということができる。中間説は、行為者との関係で刑法的に保護に値する占有とは何か、を探究する考えに他ならず、財産犯の構成要件の解釈を通じて、当該犯罪の個別化、特に類型化を試みるものである。

■執筆者紹介（※五十音順）

飯島　暢（いいじま・みつる）　　関西大学法学部教授
　　　第3章・第8章・第9章・第12章

葛原力三（くずはら・りきぞう）　関西大学法学部教授
　　　第0章・第1章・第2章・第5章・第10章・第11章

佐伯和也（さへき・かずや）　　　関西大学法学部教授
　　　第4章・第6章・第7章・第13章

Horitsu Bunka Sha

定義　刑法各論
──財産犯ルールブック

2021年12月15日　初版第1刷発行

著　者　　飯島　暢・葛原力三
　　　　　佐伯和也

発行者　　畑　　光

発行所　　株式会社 法律文化社

〒603-8053
京都市北区上賀茂岩ヶ垣内町71
電話 075(791)7131　FAX 075(721)8400
https://www.hou-bun.com/

印刷：中村印刷㈱／製本：㈲坂井製本所
装幀：白沢　正

ISBN 978-4-589-04162-3
©2021　M. Iijima, R. Kuzuhara, K. Saheki
Printed in Japan

松宮孝明編

ハイブリッド刑法 総論〔第3版〕 各論〔第2版〕

総論：Ａ５判・338頁・3630円
各論：Ａ５判・390頁・3740円

条文・判例・通説といった基本的な考え方を、具体的事例を用いてわかりやすく解説した好評のテキストの改訂版。初版刊行以降の法改正、判例にも対応。発展的トピックにまで目配せされているため司法試験対策にも有益。

葛野尋之・中川孝博・渕野貴生編

判例学習・刑事訴訟法〔第3版〕

Ｂ５判・406頁・3630円

丁寧な解説で定評の判例集の改訂版。「GPS 捜査事件（最大判平29・3・15)」「リベンジポルノ事件（東京高判平27・2・6)」「おとり捜査事件（札幌地決平28・3・3)」など、第２版刊行（2015年）以降の注目判決を含む100判例を収録。

リーディングス刑事法シリーズ

日本の刑事法学が蓄積してきた膨大な知見を俯瞰し、判例・学説のもとになった基本文献を解説するリーディングス刑事法シリーズの刑法篇。現在および今後の刑事法学の基礎として、第一線の研究者が理論的到達点を個別領域ごとに確認し、提示・継承する。

リーディングス刑法

伊東研祐・松宮孝明編　　　　　　　　　　　Ａ５判・520頁・6490円

リーディングス刑事訴訟法

川崎英明・葛野尋之編　　　　　　　　　　　Ａ５判・430頁・6050円

リーディングス刑事政策

朴 元奎・太田達也編　　　　　　　　　　　Ａ５判・402頁・5830円

───── 法律文化社 ─────

表示価格は消費税10％を含んだ価格です